めっちゃ★Aえ! group

西野創一朗

太陽出版

はじめに

2024年3月16日、17日に京セラドーム大阪で開催された『Aぇ! group Aッ倒的ファン大感謝祭 in 京セラドーム大阪 〜みんなホンマにありがとう〜』において、ついにAぇ! groupのCDデビュー（5月15日）が発表された。

「Aぇ! groupが結成されたのは、この日から約5年前の2019年2月18日でした。故ジャニー喜多川氏が『キミたちはええ（良い）グループになる』という想いを込めて命名した名前で、ジャニー氏はこの年の7月9日に解離性脳動脈瘤破裂によるくも膜下出血で亡くなっているので、事実上、故ジャニーさんが最後に名づけたグループでもあります。プロデュースは当初からお馴染みの横山裕くんで、結成発表翌日の2月19日には、横山裕企画・演出による『僕らAぇ! groupって言いますねん』（東京グローブ座）の開催が発表され、チケットは発売日の3月30日に即完売。横山くんはメンバーそれぞれの特技や持ちネタを織り交ぜた芝居仕立てのエンターテインメント公演を作り上げ、その後にSixTONES、Snow Man、なにわ男子、Travis Japanとデビューラッシュが続く中でも、Aぇ! groupは自分たちのペースで実力を蓄え、2023年春にはグループ初の全国ツアー『Aッ!!!!!!と驚き全国ツアー2023』を開催。
さらに2023年10月にはリーダーの小島健くんがW主演を務めた連続ドラマ『帰ってきたらいっぱいして。』で、初のドラマ主題歌『純情パスファインダー』を担当。グループのCDデビューへと弾みをつけました」（関西系人気放送作家）

Aぇ! groupはSTARTO ENTERTAINMENT社からのデビュー第1号タレントとなったが、旧ジャニーズ事務所時代からの歴史を辿っても、デビュー前のグループによる単独ドーム公演は2006年のKAT-TUN東京ドーム公演以来約18年ぶりの快挙で、特に京セラドーム大阪では初めてのことだった。総動員数は2日間で約10万人の超満員。

『Aぇ! group Aッ倒的ファン大感謝祭 in 京セラドーム大阪～みんなホンマにありがとう～』は、正門良規の――

『どうも～、Aぇ! groupです!』

――の一声からスタート。

1曲目の『Aッ!!!!!!』から会場のボルテージはMAXに到達した。

360度をファンに囲まれたステージを駆け巡るメンバーたちは、先輩であるWEST.の楽曲『バンバンッ‼』など関西ジュニアお馴染みの楽曲を立て続けに披露。それぞれがハート型のトロッコに乗り、客席にとびっきりの笑顔を振りまいてくれた。

さらに『ロマンティック』や『アホ新世界』、そしてAぇ!groupオリジナル曲の『Firebird』へと展開。

末澤誠也が――

『今日は俺たち5人と最高の思い出作ろうぜ!
最後までよろしく‼』

――と煽ると、〝京セラドーム大阪の天井が抜けるんじゃないか?〟と思わせるほどの熱気に包まれた。

そしてMCの終盤で、会場のファン誰もが期待していたであろうサプライズが、正門の――

『われわれAぇ!groupからのプレゼントというか、お知らせごとがございます』

――という言葉を合図に発表される。

まずはバックスクリーンに映像が流れ、アリーナツアー『Aぇ! group Debut Tour ~世界で1番AぇLIVE~』が発表された。

北海道から愛知、静岡、宮城、福井、福岡、大阪、東京と、コンサート会場と都市を記したマップをワゴンが走り、そして正門の――

『僕たちAぇ!group5人の言葉で皆さんにご報告したいことがございます』

――のセリフから、待ちに待った――

『CDデビューします!』

――の報告。

これにはこの日最高潮の歓声が沸き上がり、ゴールドの紙吹雪が特効で舞う中、メンバー5人がステージ中央で円陣を組み、会場の5万人と配信を見守るファン、全員と夢を叶えた喜びを分かち合った。

さらに旧関西ジャニーズの先輩からもサプライズでお祝いのビデオメッセージが届き、なにわ男子、WEST.、SUPER EIGHTからのメッセージには、旧関西ジャニーズの仲の良さを象徴する感動的な言葉が続いた。

このサプライズを挟んだコンサートは後半へと突入し、ファンからの投票で選ばれた楽曲がメドレーで披露される。『名脇役』(timelesz/旧Sexy Zone)、『YSSB』(WEST.)、『White Love』(Hey! Say! JUMP)、『WHIP THAT』(SixTONES)、『V.I.P.』(B.A.D)——再び会場が熱気で包まれるのと同時に、ジャンルを問わないAぇ! groupの多彩さと実力を見せつけるパートになった。

続いて佐野晶哉のドラムが軽快なビートを刻み始めると、正門のギターソロから『Oh Yeah!』(嵐)へ。

このあたりの流れるような演出は、同じバンドグループでもあるSUPER EIGHT・横山裕にはお手のものだったのだろう。

そんなAぇ!groupのデビュー曲は『《A》BEGINNING』。

全4形態が発売され、収録曲はAぇ!groupらしい泥臭さとエモさ、そしてこの先の未来へ向かう決意表明が込められた歌詞が魅力の『《A》BEGINNING』、ライブの定番曲『Aぇ! LAND』『しあわせもん。』。キュートなラブソング『WANT!!』、正門良規がレギュラーMCを務めるMBS『サタデープラス』テーマソング『+You』、小島健がW主演を務めた『帰ってきたらいっぱいして。』主題歌『純情パスファインダー』、Aぇ!groupの人気オリジナル曲『Firebird』新録版など、彩り鮮やかな全7曲が形態別に収録されている。

中でも初回限定盤Bには、ここでお話しした『Aッ倒的ファン大感謝祭in 京セラドーム大阪～みんなホンマにありがとう～』3月16日公演の模様がフルサイズで収録されているので、あの感動を映像で体感することができる。

「そんなおめでたいことだらけのAぇ!groupのCDデビューですが、彼らが抜けたあとの〝ジュニア〟体制について、ファンの皆さんは大きな不安を感じているようです。特に4月9日公開の動画で卒業したYouTube公式の〝ジュニアCHANNEL〟についてです」(前出関西系人気放送作家)

最終回動画ではデビュー記念旅行スペシャルとして栃木県佐野市でロケを行ったAぇ! groupだったが、これまでにもSixTONES、Snow Man、なにわ男子、Travis Japanがデビューを機にジュニアCHANNELから自身のチャンネルを立ち上げていった。残されたジュニアCHANNELは正直いって、そのたびに〝パワーダウン〟が否めなかった。

「Aぇ! groupが担当していた火曜日の他にも、東西ジュニアユニットが水曜日から日曜日までをそれぞれ担当していますが、登録者数202万人(2024年4月現在)のチャンネルにも関わらず、再生回数でコンスタントに50万回再生を超えるのはAぇ! groupだけで、2024年に入って以降、ほとんどの動画が10万回再生にも及びません。ここでAぇ! groupが卒業すると、チャンネルの存続も怪しくなるかもしれない」(同前)

同じチャンネルに複数のグループが登場するチャンネルの特性上、ジュニアCHANNELで公開される動画は、それぞれのグループがいかにして自分たちの特色を出すかに頭を悩ませている。中でもAぇ! groupの企画力やYouTube動画への対応力が抜けていたのは事実で、今後開設されるAぇ! group単独チャンネルにも大きな期待が寄せられている。

卒業したあとのことまで気を回す必要はないかもしれないが、順番からいえばAぇ!groupの穴を埋めるのは後輩の関西ジュニア〝AmBitious〟になるので、小島健や佐野晶哉は『可能な限りサポートしたい』とも話しているそうだ。

「自分たちはデビューしたからジュニアCHANNELや関西ジュニアとは関係がない――と言わないところがAぇ!groupの面倒見のよさ。だからこそ彼らはファンや後輩から愛されている」(同前)

バンドアイドルとしては1983年デビューのThe Good-Bye(野村義男&The Good-Bye)から、1988年年デビューの男闘呼組、1994年デビューのTOKIO、2004年デビューの関ジャニ∞(現SUPER EIGHT)に次ぐ、旧ジャニーズ事務所時代から5組目のデビューとなるAぇ!group。

このところ世間の話題を旧ジャニーズ事務所退所組のNumber_iにすっかり奪われているが、Aぇ!groupはSTARTO ENTERTAINMENT社からの第1号タレントとして、その存在感とポテンシャルを存分に発揮してくれることだろう――。

目次

Prologue

デビュー前夜

The episodes before debut

《A》BEGINNING!!!

旧関西ジャニーズJr.のメンバーから抜粋されてAぇ!groupが結成されたのは、今から約5年前の2019年2月18日だった。

「彼らが所属していた旧関西ジャニーズJr.は、2014年にジャニーズWESTがデビューしたあと、平野紫耀(現Number_i)と永瀬廉(現King & Prince)が東京へ移籍して〝焼け野原〟と呼ばれた時代を過ごし、旧関西ジャニーズJr.自体がなくなるのでは?……とまで噂される低迷期にありました。そんな中、ベテランJr.の室龍太と向井康二(現Snow Man)の2人が先頭に立ち、2人は正式なユニットではなかったものの、ファンの間では〝るたこじ〟と呼ばれるコンビで旧関西ジャニーズJr.を引っ張ってくれた。彼らは旧関西ジャニーズJr.のオーディションも任されていて、道枝駿佑、高橋恭平、長尾謙杜を発掘。そして2018年10月6日に発売されたアイドル雑誌で、ようやく旧関西ジャニーズJr.からの新ユニットとして発表されたのが『なにわ男子』でした。彼らは現WEST.(ジャニーズWEST4↓ジャニーズWEST↓WEST.)以来、約4年ぶりに旧関西ジャニーズJr.内ユニットとして結成されたのです。そして、Aぇ!groupが結成される2019年2月18日のほんの1ヶ月ほど前には、Aぇ!groupのメンバーから見れば後輩だらけの『Lilかんさい』が、なにわ男子に続いてアイドル雑誌の誌面で結成を発表。もちろんこのとき、Aぇ!groupのメンバーにはユニットの結成は伝えられていましたが、世間的（ファン的）にはAぇ!groupの6人は形の上で、なにわ男子とLilかんさい、たくさんの後輩メンバーに追い越された先輩の立場で、旧関西ジャニーズJr.の中では上がり目もついえたと見られていました。

このようにAぇ!groupは不遇ポジションからのスタートでした。それゆえ彼らのファンは根強く、気持ちも入っているので熱心なのです」（関西テレビ制作スタッフ）

プロデュースした横山裕は、Aぇ!groupとなにわ男子やLilかんさいとの差別化を図るため、メンバーそれぞれの特技や持ちネタを織り交ぜた芝居仕立てのエンターテインメント公演を作り上げ、Aぇ!groupは2020年から始まるSixTONES、Snow Man、なにわ男子、Travis Japanらのデビューラッシュの中でも自分たちのペースで実力を蓄え、2023年春にはグループ初の全国ツアー『Aッ!!!!!!と驚き全国ツアー2023』を開催。その他にも関東で初の単独アリーナコンサート2DAYSのチケットを即日完売させ、約4万人を動員。

Aぇ! groupの『Stray dogs.』パフォーマンス動画は、現在までにYouTube公式チャンネルで再生回数600万回超を記録。さらに『PRIDE』のステージパフォーマンス動画は約1,300万回再生と、かつて〝焼け野原〟とまでいわれた旧関西ジャニーズJr.としては、デビュー前にもかかわらず驚異的な数字を叩き出した。

このように地道に実績と実力を養ってきたからこそ、Aぇ! groupのCDデビューはファンからも関係者からも大歓迎されているのだ。

いよいよCDデビューを迎えるAぇ! groupのメンバーたちではあるが、特にここ1〜2年は大きな絶望感に苛まれることもあったと聞いている。

特に2023年の9月以降、故ジャニー喜多川氏をめぐる性加害疑惑に端を発し、旧ジャニーズ事務所の事実上の解体、SMILE-UP.社への名称変更、新会社STARTO ENTERTAINMENT社の設立と、環境が激変し、その渦中で将来への〝保証のない〟旧関西ジャニーズJr.の立場に置かれていたAぇ! groupのメンバーたちは、いきなり真っ暗闇の奈落に突き落とされた気分を味わっていた。

「実は2023年に入ってすぐ、秋に開催されるバレーボールW杯の応援サポーターとして〝Aぇ!groupのデビューが決まった!〟という話が関西のマスコミ関係者の間に流れてきました。おそらく本人たちの耳にもあらゆる方面から噂が入っていたでしょうし、そのせいかメンバーの表情や言動が明らかに〝ウキウキして〟見えました」(同関西テレビ制作スタッフ)

結果的には故ジャニー喜多川氏の性加害問題の影響で〝お流れになった〟……とされている応援サポーター問題だが、そもそもバレーボールW杯がらみでのCDデビューは、2011年のSexy Zone(現timelesz)で、一度は流れが止まっているので、「必ずしも故ジャニー喜多川氏の性加害だけが理由ではなかったのではないか?」というギョーカイ人も多い。

現にこの頃には〝先輩ユニット〟のLilかんさいの他にも、旧関西ジャニーズJr.には2020年11月21日配信『Kansai Johnnys' DREAM PAVILION ~Shall we #AOHARU?~』で結成が発表されたBoys be、2021年10月22日発売のアイドル雑誌にて結成が発表されたAmBitiousら後輩ユニットもいるし、東京ジュニアにはHiHi Jets、美 少年、7MEN侍、少年忍者と、Aぇ!groupの他にも〝デビュー候補〟のジュニアユニットが控えていたのだから、絶対的にAぇ!groupが頭一つ抜けていたわけではない。

「とにかく東西ともに有力なライバルだらけですから、バレーボールW杯の応援サポーターも、それこそ当日になってみなければAぇ！groupで確定だったとはいえません。結果的に応援サポーターの話自体が立ち消えになり、Aぇ！groupのメンバーはますます先が見えない迷宮に迷い込んだ気分だったでしょう」〈同前〉

ようやく今、彼らはそんな辛い時期を〝いい思い出〟と言えるようになったのだ――。

『正直、2022年頃からメンバーみんな体感として、
「次は自分らの番ちゃうか？」――と感じることがあって、
ありがたいことに新しいお仕事もどんどん増えましたし、
（当時）関ジャニ∞さんの日産スタジアムライブにも呼んでいただいて、
少しずつではありますけど、日々Aぇ！groupが大きくなっていく気がして、
充実しまくってましたね』〈正門良規〉

『個人的にはAぇ! ができたときから追い風が吹き始めていたと思う。
すべてはあそこから始まったし、
あのときからずっと「Aぇ! はイケる」って思ってるんで。
結構話し合いも多いグループやったんで、
みんな同じ方向をずっと向けてたし、同じ熱量やったし。
個々が強かったんで、
「全然大丈夫やろうな」って思ってました』〈末澤誠也〉

『いろんな角度から楽しんでもらえるグループは自分らしかいないし、
「それが自分らの強みなんじゃないかな?」――と、ずっと思い続けてきました。
これからもそれは変わりません』〈草間リチャード敬太〉

『(旧)ジャニーズに興味がない人でも、
誰にでも好きになってもらえる、
「自分たちになら〝全方位型アイドル〟を目指せる」――ってずっと信じてきた』〈佐野晶哉〉

『少しでも興味を持ってくれたら、とりあえずライブに来て欲しいし、
テレビにメンバーの誰かが出てて〝Aぇ!group〟のことが少しでも気になったら、
すぐに調べて欲しい。
僕以外の誰にハマっても許すんで。
せやけどメンバーとは2022年ぐらいから、ずっと「今年が勝負!」って言い続けて、
それが丸2年経って実った感じ。
このままどんどん、全国目指していろんな夢を叶えていけたらいいよな。
もちろんこれまでと変わらず、関西のファンのみんなも大事にしていきたいっていうのが、
現在進行形のAぇ!の目標。
ゆくゆくは全国放送で冠番組持って、
小学生でも知ってるような国民的アイドルになるつもりやし』〈小島健〉

こうして5名の〝Aぇ!group丸〟は、芸能界の荒波へと漕ぎ出したのだ!

プロデューサー・横山裕の想い

SUPER EIGHT・横山裕には〝妙なクセ〟があるという。
仕事が上手くいかないとき、夜中に一人焼肉と生ビールをたらふく平らげ、ストレス解消にしているというのだ。
「以前は相葉雅紀くんがよくつき合ってくれたそうですが、相場くんも2021年9月に結婚し、翌年にはパパになっている。相葉くんのお子さんはまだ1才半ぐらいですから、可愛くて仕方がない。そんな〝イクメンパパ〟を夜中に誘い出すわけにもいかないので、横山くんは一人で街に繰り出している。収録現場で横山くんの顔がふっくらしているな~と感じたときは、〝ビールと焼肉をヤケ食いしたんだろう〟と思うようにしています」(フジテレビスタッフ)
横山が主に通う焼肉店は中目黒にあり、近くを都内屈指のお花見スポット・目黒川が流れているそうだ。焼肉店はビルの2階に位置し、1階にはWEST.・桐山照史が通い詰める焼き鳥店が入居。そこには通称〝桐山シート〟と呼ばれる個室まであるそうだ。

　さて話を横山に戻すが、昨年9月の〝故ジャニー喜多川氏性加害記者会見〟の前後から、横山が〝一人焼肉〟する回数が飛躍的に増え、SUPER EIGHTのメンバーや周囲のスタッフは「夜の街でトラブルに巻き込まれやしないか」と心配していたとも聞いている。幸いにもそんなトラブルは起こらず、また2024年に入ってからは〝ストレスの元〟も解消され、平穏な日々を過ごしているそうだ。

「横山くんのストレスの原因、それは〝Aぇ! groupがなかなかデビューさせてもらえなかったこと。そして〝元メンバー・福本大晴くんの契約解除騒動〟にありました」（同フジテレビスタッフ）

　横山裕は、実は責任感の塊のような男だという。

　同じSUPER EIGHTのメンバーでもあり、〝関ジャニ8〟が結成されて以来の盟友、大倉忠義プロデュースの〝なにわ男子〟が結果を出しまくる中、自分がプロデュースをするAぇ! groupは、（2023年当時は）まだデビューすらさせてもらえない。

　〝その差（違い）がどこにあるのか？〟――SMILE-UP.やSTARTO ENTERTAINMENTの上層部は横山にもメンバーにも明確な答えを与えてはくれない。さらにバレーボールW杯応援サポーターの話が流れ、福本大晴の契約解除（コンプライアンス違反）を一方的に通告されれば、横山でなくとも『俺は何をやってきたんだ』と特大ストレスを抱えるようになるだろう。

リーダーの小島健以下、正門良規、末澤誠也、草間リチャード敬太、佐野晶哉の5人は、それぞれトークスキルも高く、個性豊かなメンバーたちだ。すでに複数本の連続ドラマやバラエティ、ラジオなどで活躍し大規模な全国ツアー『Aッ!!!!!と驚き全国ツアー2023』(12都市44公演)を満員御礼で完走している。

『デビューするために、これ以上何が必要なのか⁉』

横山裕は一時期――

『IMPACTors(現IMP.)のようにタッキーの事務所(TOBE)に行けば、Aぇ!もすぐにデビューできんのか?』

――などと、ネガティブな考えをめぐらせたこともあったという。

「加えて2024年は旧関ジャニ∞、現SUPER EIGHTのデビュー20周年にあたり、大規模な5大ドームツアーやスタジアムツアーも企画されている。SUPER EIGHTのメンバーとしてそちらにも集中しなければならないので、何としても2023年中にはAぇ! のCDデビューについて〝確約〟が欲しかった。その確約は得られたものの、福本大晴は契約解除に。横山くんは6人全員を平等に可愛がっていたので、デビューの喜び、責任を果たせた安堵感よりも、福本大晴の脱退ショックのほうが大きかった。一部には横山くんが〝強引に残留させる手もあった〟といわれましたが、デビュー後に問題が発覚すると〝即解散クラス〟の衝撃に襲われかねない。そこで横山くんは、プロデューサー判断として〝5人を選んだ〟のです」（同前）

福本大晴の契約解除に際し横山裕が異例のコメントを出したのも、その背景には自分が最終判断を下した責任感というか、ある種の〝引け目〟があったのだろう。

「しかしここで横山くんがさらなる〝男気〟を見せてくれました。福本大晴の契約解除には合意するものの、『**大晴を〝いなかった〟ことにはしたくない**』――と、STARTO ENTERTAINMENT上層部と交渉し、YouTubeのジュニアCHANNELに上がっている福本の動画は削除させなかったのです。かつての旧ジャニーズ事務所では、メンバーが脱退すると〝最初からいなかったこと〟にされるケースがほとんどで、音楽番組で流れる過去の出演シーンVTRでも、極力、脱退メンバーが映らないように番組側が忖度していた。その慣習を打ち破る意味でも、横山くんは『**大晴の動画を〝削除しない〟と約束してもらわなければ（契約解除に）同意しない**』――と詰め寄ったそうです」（同前）

そこには何よりもプロデューサー・横山裕の矜持と、旧関西ジャニーズの先輩として〝後輩を思いやる〟気持ちが溢れていた――。

Aぇ! groupとは別の〝新たな道〟を歩み出した福本大晴

「ファンにとってもギョーカイ人にとっても衝撃的な情報でした。当初、ほとんどの人は大晴の〝なりすまし〟だと思っていましたからね。Xアカウントの開設から1週間で、フォロワーさんは23万人を超えています。投稿は最初の一つしかないのに」（関西系人気放送作家）

それは2024年4月4日の正午、まさに前代未聞の出来事だった。

2023年12月30日、突如として〝重大なコンプライアンス違反〟をおかしたとしてSMILE-UP.からの（一発）解雇と、Aぇ! groupからの脱退（事実上のクビ）が発表された元メンバーの福本大晴が、この日（4月4日）、SNS・X（旧Twitter）個人アカウントを開設したからだ。

「『福本大晴です。ファンの皆さま、関係者の皆さま』――で始まったポスト（投稿）は、昨年12月30日、コンプライアンス違反で事務所から契約解除されたことに関する謝罪文の（画像）添付でした。Xユーザーの皆さんはご承知でしょうが、Xにはポストに対する文字制限（144文字）があり、また自筆での署名を掲載することも不可能なので、こうした画像添付にせざるを得なかったのでしょう」（同関西系人気放送作家）

しばらくは前述したように〝イタズラ〟の〝なりすまし〟疑惑が払拭されなかったところ、福本が曜日レギュラー（月曜日）で出演していた情報番組『おはよう朝日です』（ABCテレビ／関西ローカル）の共演者・山岸久朗弁護士が、「このXは本人のものだと保証します」とコメント。

さらに山岸弁護士が「開設後に本人から連絡がありました。詳しいことは言えませんが、このXは本人が開設した本物であることは、僕が保証します」としたため、ようやくなりすまし疑惑は払拭されたのだ。

『福本大晴です。ファンの皆さま、関係者の皆さま』
『このたびは、多くの皆さまに多大なるご迷惑、ご心配をおかけしてしまい、
大変申し訳ございませんでした。
本来であれば、以前の事務所を退所するきっかけとなった出来事について、直接私の口から、
ファンの皆さま、関係者の皆さまに対し、お詫びし、説明差し上げるべきだと思います。
しかし、当該関係者の方々のプライバシーの観点とご意向により、
具体的な説明は控えさせていただきます。
申し訳ありません。
もっとも、今回の出来事は、すべて私に原因があります。
愛のある恵まれた環境に身を置かせていただいていたにも関わらず、私の未熟さや甘えにより、
信頼や期待を大きく裏切る結果になったことに対し、深くお詫び申し上げます。
これまでの私に関わってくださり、育ててくださった皆さまには、
心から感謝の気持ちしかありません。

今後は自分自身の行動を見つめ直し、深く反省し、決して驕ることなく生きていく所存でございます。
重ねてになりますが、応援してくださった皆さま、お世話になった皆さま、
関係者の皆さまに深くお詫びいたします。
誠に申し訳ございませんでした』
『2024年4月4日　福本大晴』

繰り返しになるが、福本は2023年12月30日、SMILE-UP. のジュニア公式サイトにおいて、
同事務所とは契約解除となることが発表されていた。
契約解除の理由については、
『コンプライアンス違反の疑いが発覚し、弊社にて詳細な調査をいたしましたところ、
本日までに事実であると確認されたことから、弊社で定めておりますコンプライアンス規定に従い、
本日付けで弊社と福本のマネージメント契約を解除いたしました』
『当該事象の詳細につきましては、当該関係者の方々のプライバシーならびにご意向を尊重し、
公表を控えさせていただきます』
――とされていた。

「正直にいって、ファンの皆さんも、関西マスコミでAぇ！groupの近い場所にいたギョーカイ人たちも、まったくもって納得することができない、釈然としない解雇劇でした。旧関西ジャニーズJr.ファンには〝Aぇ！groupのエースは正門良規〟でしょうが、大晴はメディア露出も含め、一般視聴者から見れば〝Aぇ！groupの顔〟といってもいい存在でしたからね。いきなりエース級が解雇されるなど、視聴者には前代未聞。だからこそ様々な憶測を呼びました」（前出関西系人気放送作家）

その憶測とは、「一発解雇に相応する〝重大なコンプライアンス違反〟が何だったのか？」だ。

「事務所からも〝当該関係者の意向とプライバシーの尊重〟とあったことから、大晴のコンプライアンス違反には（ファンから見た）第三者の関わりは間違いがない。当初は何らかの犯罪絡みかと考えられていましたが、それならば警察や司法に逮捕されているはず。過去に何回も女性スキャンダルを起こしている大晴ですから、秘密裏に示談を済ませた女性スキャンダルだろうと囁かれました。しかしそれにしては〝どうコンプライアンス違反に繋がるのか？〟の疑問は残ります」（同前）

Aぇ！groupのプロデューサーでもある横山裕がさほど批判せずに福本大晴に向けたメッセージを発信していることも、この問題の混迷度を深めていった。

そんな解雇騒動から3ヶ月半でAぇ！groupのCDデビューが発表され、およそ4ヶ月で福本大晴はまるで〝芸能界復帰前提〟のようにSNSを開設したのだ。

「このX開設にあたり、ファンの皆さんからは〝生存確認ができてホッとした〟〝自分の言葉で伝えてくれてありがとう〟〝個人活動、待ってます〟などの声が相次いでいますし、もともと関西マスコミの間では大晴の評判も上々だったので、関西タレントとしても十分に食っていけるでしょう。また彼は大阪府堺市の出身ですが、堺市出身には地元愛に溢れた売れっ子も多いので、関西ローカルの情報番組やバラエティ番組で絡む場面が容易に想像できる。活動を再開させると、関西ローカルのタレントとして大晴は大成すると保証します」(同前)

そんな福本大晴がXアカウントを開設した4月4日は、今から13年前の2011年、オーディションに合格した翌日の日付だったのだ。

「King & Prince・永瀬廉、なにわ男子・西畑大吾、そしてAぇ! group・正門良規、ここに大晴を入れた4人は、2011年4月3日の旧関西ジャニーズJr.オーディションで合格した完全なる同期生。長年、永瀬と西畑と正門の3人は同期の親友としてメディアにも取り上げられてきましたが、Jr.の活動と大学進学を両立させていた大晴は少し浮いていて(※永瀬廉の大学進学は上京後)、関西のマスコミでも2023年2月に『おはよう朝日です』の生放送ゲストに永瀬廉が登場した際、大晴との〝同期トーク企画〟が行われるまで、2人の関係性について知らなかったギョーカイ人も多かったですね」(同前)

Aぇ! group内では福本大晴と正門良規が同期であることは周知の事実だったのだから、逆を辿れば福本と永瀬廉、西畑大吾まで簡単に繋がる。

「そんな2人は同期トークの中で〝廉&大晴自身の叶えたい夢!〟というテーマが出た際、永瀬くんが『グループとしてはまたツアーがしたい。まあちょっといろいろ、変わったりする部分はめちゃくちゃ多いかもしれないけど、今年もファンの人に会いたいと思う。(旧)ジャニーズってさ、一番楽しい仕事ってライブやん。今年もしたい。一番近々の夢でいうと、それ』——と語ると、大晴も頷きながら相槌を打っていました。Aぇ! groupのままでいられたら、大晴も楽しいライブ、全国ツアーのステージに立つことができただけに残念でなりません。しかし大晴もようやくAぇ! groupを離れて、自分自身の新たな道を歩み出す決意ができたのだと思います」(同前)

この人気放送作家氏は、福本が関西ローカルのタレントとしてリスタートを切った際には、全面的に協力したいし、そうなることを願っていると最後に語ってくれた。

ファンの皆さん、視聴者、そしてメンバーも複雑な想いを抱えるかもしれないが、福本大晴も復帰に向けて、Aぇ! groupとは別の道を歩み出したようだ——。

1st Chapter

正門良規

Yoshinori Masakado

正門良規と〝同期卍会〟の絆

関西ジュニアの中で〝伝説のオーディション〟として語り継がれているのが、正門良規、永瀬廉、西畑大吾、福本大晴、福井宏志朗らを送り出した、2011年4月3日のオーディション。

のちに合格者の彼らは〝関西11年組〟と呼ばれ、中でも正門良規、永瀬廉、西畑大吾の3人は合格直後にユニット〝Aぇ少年〟に抜擢されたエリートで、今もなお自分たちを〝同期卍会（どうきまんじかい）〟と名乗り、その絆は出会いから13年が経っても深まるばかりだ。

「卍会の3人が合格したオーディションは、山下智久くんのアジアツアー『TOMOHISA YAMASHITA ASIA TOUR 2011 SUPER GOOD SUPER BAD』大阪公演（大阪城ホール）が開催されるリハーサルの合間に行われました。今回、正門くんがAぇ! groupのメンバーとしてCDデビューすることで、卍会は全員がCDデビューの夢を叶えることができた。今は東京と大阪でバラバラの3人ですが、正門くんが上京した際には必ず連絡を取り合い、都合が合えば積極的に食事をしているそうです」（関西テレビ制作スタッフ）

その際に西畑大吾がよく連れてくるのが大橋和也（なにわ男子）だという。

「大橋くんは正門くんよりも2年ほど先輩ですが、なにわ男子が結成される前から〝はっすん〟とニックネーム呼びで、大橋くんのほうから『**タメ口でええから**』と距離を縮めてくれたそうです」

（同関西テレビ制作スタッフ）

さてそんな〝卍会〟の3人は2024年1月30日、永瀬廉25才の誕生日（1月23日）と西畑大吾27才の誕生日（1月9日）を合同で祝うバースデーインスタライブを永瀬廉のInstagramアカウントで行っている。

「配信が始まると狐や鬼のお面をつけた3人が登場し、およそ2分間そのまま沈黙するシュールな画面が続きました。永瀬くんが『**あっつ（暑い）**』と言いながらお面を外すと、西畑くんが『**ごめんなさい、これ何始まり？**』『**新空港占拠**』の弱い版みたいな、なんなん!?』と冷静にツッコミを入れ、永瀬くんが『**初めて（のインスタライブ）やから変わったことがしたかった**』と白状しました。そして自らのインスタライブに西畑くんと正門くんを呼んだ理由を『**大吾、（誕生日が）1月9日じゃないですか？　それをこの3人で祝ってないので、今日は誕生日会をします**』と続け、卍会の絆をアピールしました」（同前）

永瀬と西畑がバースデーケーキ型の帽子と〝本日の主役〟タスキを肩からかけると、プレートにわざわざ「正門以外」と書かれたバースデーケーキが登場。『ハッピバースデー正門以外〜』と歌いながら盛り上がる。

「正門くんは永瀬くんが用意したピカチュウの衣装に着替え、2人から『**マサチュウやん**』と呼ばれると、なぜか嬉しそうにはにかんでいました。このあたりにも、同期3人、同期卍会の仲の良さが表れていましたね」（同前）

最後に永瀬がインスタライブの締めに正門を指名すると正門は――

『**インスタライブをご覧の（同接）約12万強の皆さま、人生の30分を本当にすいませんでした**』

――と視聴者に謝罪。

マイペースで2人を振り回す永瀬廉、終始イジられまくりの正門良規、ツッコミ担当の西畑大吾の役割がハッキリしていて、さすが普段から〝親友〟を公言する卍会らしい構図だった。

そして2人を振り回してばかりの永瀬廉だったが、この4月10日には自身がパーソナリティを務めるラジオ番組『King & Prince 永瀬廉のRadio GARDEN』(文化放送)の中で、Aぇ! groupのCDデビューをまるで自分のことのように喜び、そして祝福していた。

「永瀬くんは番組の中で、**『発表する日に弾丸で京セラに行かせていただいたんですけど、感動しましたね。うれしかったです』**——と、3月16日に京セラドーム大阪を訪れていたことを明かしたのです」(同前)

さらに永瀬廉はステージを絶賛——

『Aぇ! groupのカッコよさとか凄さとか、
話すトークコーナーがあったんですけど、
すごく面白かった』

しかしそのとき永瀬の隣に藤原丈一郎(なにわ男子)が座っていたそうで、藤原のツッコミにはクレームをつける。

『あの人、ずっとうるさかった。
いちいちツッコんでくるのよ、俺に。
話しかけてくるの、「なんでやねん!」って。
〝なんでやねん〟ってツッコミはAぇ! groupにやればいいのに、
横にいる俺になぜかやるのよ。
「なんで噛んでねん」とか、俺に』

ステージではツアーの発表後にCDデビューの発表があったのだが——

『俺らも含め、お客さんもその空気感を感じ取って、一気にシーンってなったの。
あの5万人くらいいる環境の中で。
丈くんもさすがに黙ってたな（笑）。
〝CDデビューします!〟〝ワー!!〟って地鳴りがスゴかった。
すごい、ありがたい幸せな瞬間に立ち会えたと思いますね。
出産に立ち会うと、こんな気持ちなんかなって思う』

さらに永瀬廉は――

『(親友)それぞれが違うグループっていうのもまたいいなと思って。環境もグループの方向性とか考え方も違うから、話してても面白い。違うグループだからこそ、3人でコラボがもしできたら熱いし』

――そう言って、Aぇ! groupデビューを心の底から喜んでいた。

「SNSでも〝Aぇ! groupの出産に立ち会った永瀬廉〟〝出産にたとえた永瀬くんの感性が好き〟などのメッセージが躍っていましたが、2011年4月3日に出会ってから、ほぼ丸13年でのCDデビューですからね。その過程というか、正門くんの苦悩を間近で見てきた永瀬くん、西畑くんは本当に嬉しかったでしょう」(前出関西テレビ制作スタッフ)

末澤誠也や草間リチャード敬太と仲がいい藤原丈一郎は――

『（自分が大好きな）オリックス・バファローズのホーム（本拠地球場）でデビュー発表やろ？　みんなオリックスに感謝せなアカンで！』

――と、まったく違うベクトルでAぇ！groupのCDデビューを祝福していたそうだ。

正門良規が振り返る〝『野郎組』その後〟

『もう4年も前になんのか。
でもあのドラマがあったからこそ、東京のジュニアの子たちと距離が縮まったからね。
それまでは東京と関西で意外に、
「このライブはどっちが主役張るん?」――みたいな競り合いがあったけど、
それ以降はお互いのよさを認め合う関係になれた。
ちょうど東京はSnow ManとSixTONES、
関西はなにわ男子がジュニアの中でも1つ上のクラスに上がっとったから、
次世代の主導権争いみたいな(笑)。
実際現場に入ったら、
年下だけどヤンチャで怖いイメージしかなかったガリさん(猪狩蒼弥)とかめっちゃ優しくて、
織山(尚大)くんはめっちゃ可愛かった』〈正門良規〉

２０１９年７月クールにＢＳ日テレでオンエアされていた連続ドラマ『恋の病と野郎組』。

共学校に通っているものの、男女比の都合で作られた全員男子のクラス、通称「野郎組」に在籍する高校生８名を主人公とする１話完結型の学園ラブコメディだ。

冴えない日々を送る彼らが「女子と話せない病」を患いながらも女子と近づき、あわよくば彼女を作るため、一致団結して奮闘する様子が描かれた物語で、正門良規が演じたのはクラスの強面で、剣道部に所属する〝なんちゃってヤンキー〟の八代凛太朗。

『８人全員、名字に漢数字が入っていて、その数字が話数ごとの主人公回。

つまり俺が演じた凛太朗の名字は〝八代〟なので、８話の主人公』

実は正門良規はドラマのクランクイン直前、末澤誠也に――

『東京で遊びすぎたらアカン。特に橋本涼（ＨｉＨｉ Ｊｅｔｓ）と夜遊びすんなよ』

――と釘を刺されたそうだ。

「実は橋本くんはまだ若いのに（現在23才）夜遊びが好きで、未成年時代に夜の街に出入りしていたことを週刊誌に報じられ、2019年9月から年内一杯、芸能活動を自粛するペナルティを食らっています。もし正門くんが橋本くんと一緒に夜遊びしていて週刊誌に報じられでもしたら、一定のダメージは食らっていたはずです。橋本くんの夜遊びが報じられたあと、末澤くんは**『俺の言った通りやん』**とドヤったそうですが、実は末澤くん自身、橋本くんに誘われて夜の街を訪れた経験があったようです（笑）」（MBSテレビ・制作スタッフ）

正門は、猪狩蒼弥、織山尚大と、撮影所やロケ現場近くのカフェで健全なランチデート（？）を楽しんでいたらしい。

『東京ジュニアの子らとは、昼間しか会わへんかった。

夜は夜で（永瀬）廉の家に行ったりしてたし、台本覚えるのも大変やったからね。

そもそも俺は仕事のために東京に来てたんで、遊び回るためとちゃうからね。

横山くんにはよく連絡もらって、

「不自由なことがあったら遠慮なく言えよ」——とは言ってもらえてたけど』

そんな『恋の病と野郎組』に出演して〝メリット〟を感じたのは、2023年8月に東京ドームで開催された『ALL Johnnys' Jr. 2023わっしょいCAMP! in Dome』のステージだったと明かす。

『京セラドーム大阪は関西ジュニアにとってはホームやけど、東京ドームはアウェイやん。
せやけどステージや花道から客席を見たら、
ガリさんや優斗、作間、織山くんとか、『野郎組』メンバーのウチワを持ったファンの子らが、
俺に一生懸命に声援を送ってくれてんねん。
それを見たとき、
「俺はその子らの担当（メンバー）と『野郎組』で共演したから、
仲間やと思って声援を送ってくれてんねんな」――って感じたら、
嬉しくて泣きそうになった。
何やろ？ 仕事と仕事が繋がった感じ!?』

――と当時を振り返った正門良規。

正門はいつか――

『高校を卒業した『野郎組』その後……みたいな続編、SPドラマでええからやってみたい』

――と願っているそうだ。

Aぇ! groupメンバーに深く刻まれた〝マンキン精神〟

Aぇ! group結成以来、グループから単独で初出演した連続ドラマ『恋の病と野郎組』シリーズ以降、着実に「Aぇ! groupのドラマ班」としての実績を積み重ねている正門良規。

『恋の病と野郎組』Season1に続いて出演した連続テレビ小説『スカーレット』で主人公の女流陶芸家・川原喜美子（戸田恵梨香）の妹・川原直子（桜庭ななみ）と結婚、やがて離婚するお調子者のチャラ男・鮫島正幸役で注目されると、関西ジャニーズJr.が主演を務めた『年下彼氏』（ABCテレビ）、さらには『DIVER - 特殊潜入班』（関西テレビ／フジテレビ系）、『和田家の男たち』（テレビ朝日系）で芝居を磨き、2022年8月にはNHK総合とNHK BSプレミアム・BS4Kでオンエアされた〝特集ドラマ『アイドル』〟に出演した。

この『アイドル』は、〝第二次世界大戦下のエンターテインメント〟をテーマに、昭和初期から終戦間際の日本で一日も休むことなく営業を続けた劇場『ムーランルージュ新宿座』を舞台にした、トップアイドルに成長する明日待子（古川琴音）の史実に基づく青春劇。

「正門くんが『アイドル』で演じたのは、町中で青年兵士に襲われそうになった待子を助けた学生・須貝富安役で、この一件をきっかけに待子のファンとなり、ムーランルージュ新宿座に通い詰めるようになります。やがて出征となりますが、戦地から戻って再会。史実では、戦後2人は結婚して北海道札幌市に移住して幸せに暮らします」(NHK大阪・制作スタッフ)

このドラマにはムーラン・ルージュ新宿座支配人兼プロデューサーの佐々木千里を演じた椎名桔平や劇場の看板女優・高輪芳子役の元宝塚月組娘役トップの愛希れいか、看板俳優山口正太郎役の山崎育三郎など、ミュージカル作品の要素に溢れたドラマだった。

『やっぱり山崎育三郎さんや愛希れいかさんが歌って踊るシーンはホンマもんやから、見学させていただくだけでめっちゃ勉強になった。
それと驚いたのが古川琴音さんで、
リハーサルからマンキン(100%全力)で臨みはるから、
スタジオの空気感が一変するねん。
アレはその場で味わった人にしか通じへんかもしれへんけど、
リハからマンキンでやる大切さ、女優さんに教えてもらうとは思わへんかった』〈正門良規〉

実は正門たち（旧）関西ジャニーズJr.のメンバーは、常日頃から――

『関西のジュニアが東京に行ったときや東京ジュニアと仕事をするときは、
どんな場面でも常にマンキンを出しきらなアカン！』

――と、横山裕や大倉忠義から耳にタコができるぐらい聞かされてきたという。

『関ジャニ∞（現SUPER EIGHT）はデビューする直前、
滝沢秀明さん主演の『DREAM BOY』に呼ばれてたらしいんですけど、
その再演が4月から5月にかけて大阪の梅田コマ劇場でもあって、
でもその前半、ちょうどゴールデンウィーク中は滝沢さんが休演で、
KAT‐TUNと関ジャニ∞主演の『KAT‐TUN&関ジャニ∞編』があったらしいんです。
そのとき、KAT‐TUNの皆さんがダラダラして尖っていたのを見て、
関ジャニ∞はリハから全力のマンキンでやり抜いたら、めっちゃ褒められて、
「ユーたちデビューしちゃいなよ」――って言ってもらえたそうです』

そのリハーサルから〝常にマンキン〟の教えは、Aぇ!groupのメンバーに深く刻み込まれている。

『俺らトークとかワチャワチャしてふざけてるだけにしか見えないかもしれないですけど、リハーサルから本番まで、ずっとマンキン精神は忘れてません。
これからCDデビューして東京の仕事も増えると思うけど、
東京のジュニアにも〝マンキンで臨む背中〟をちゃんと見せつけてやりたいですね』

――力強く宣言した正門良規。
それは東京ジュニアにとっては、めちゃめちゃありがたい〝先輩の背中〟となるに違いない。

素顔の〝ザ・正門良規〟

2024年5月15日に発売したデビュー・シングル『《A》BEGINNING』でCDデビューを果たしたAぇ!group。

関西系音楽プロモーター氏をはじめ、関西マスコミ人たちが最も注目しているのが、「次は正門良規が作詞作曲、あるいはどちらかを担当するオリジナル曲がリリースされるのではないか」という、期待を込めた希望的な観測だ。

ところが、だ。正門良規とテレビやラジオ、イベント等の現場で会った関西ギョーカイ人たちが「まっさん(正門良規)の作った曲、聞いてみたい」「今のAぇ!ならイヤらしい話CDも売れるし、それなりに印税が入るよ」などと煽ってみても、正門良規はまさに〝馬耳東風〟で聞き流すのみ。リアクションすらまともに返さないそうだ。

『作品を作ることは自分の内面と向き合い、表現力を最大限に発揮する、高めて作るもの、グループに貢献するものだとは理解してるんですけど、そもそもの創作願望や創作意欲が俺には全然湧いてこないんです。

ギターを演奏することは大好きで、もっともっと上手くなりたいとは思うけど、作曲したり歌詞を書きたいと思ったことは一度もない。

それはリーダーのコジケンや昌哉に任せるし、誠也くんやリチャが〝書いてみたい〟というなら、どんどん積極的にやってもらったらエエと思います。

あの2人ならコジケンや昌哉とは違う価値観やワード能力、世界観を持ってると思うんで。

ただ自分では〝作りたい〟とか、そうは思わないだけ』

――そう言って本音を打ち明ける正門良規。

『極論言うと、音楽に関しては、今は1人のプレイヤー、ギタリストやボーカリストとして、幅を広げていくことにしか興味がない』

『今やらせてもらっている俳優やMCのお仕事の醍醐味って、自分の〝我〟を捨てて、本来の自分とはかけ離れた人間になれることだと思ってやっているんです。その過程で、これまで知らなかった感情に出会えるのが楽しいし、特に俳優業はもっともっと突き詰めていきたい。

〝二兎を追う者は……〟とまで大袈裟に表現する気はないけど、気持ちとしてはまさにそれ。どっちも中途半端にできへんから、俺は楽曲の創作活動よりも俳優業に没頭したいだけなんです』

――〝俳優業〟に懸ける想いをそう明かす。

「そこまで正門くんの〝覚悟〟が本物なら、これ以上はまわりも煽ったり囃し立てたりできませんよね。そうはいっても、正門くんってAぇ! groupの中でも〝リア恋〟枠というか、ガチ恋してくれているファンが多いメンバー。そういうファンの方は、やっぱり正門くんが紡いだ詞を読んで感動したいし、夜を徹して作ってくれたであろう楽曲に想いを馳せたいもの。そんなみんなの願望に応えることも、立派なアイドルの務めですよね。これがAぇ! groupが普通の〝ダンス&ボーカル〟グループであれば、また別の話ですが」（前出関西系音楽プロモーター）

そうした声に当の正門はこう答える——。

『もし自分に武器があるとしたら、
それはたぶん、誰よりも〝普通のお兄ちゃん〟であることだと思います。
そんな等身大の自分やからこそ、リア恋枠で見てもらえてるんとちゃいますかね?
そもそもアイドルとしても俳優としても、
等身大で普通の感覚を持ち続けていたほうが、
たくさんの人の心に寄り添った表現ができると思いますし。
これからも〝普通のお兄ちゃん〟のまま、活躍の場が広がっていったら何よりも嬉しい』

そんな等身大で自称〝普通のお兄ちゃん〟の正門良規は、主に関西のマスコミ、ギョーカイ人たちの間では〝誠実な人柄〟の持ち主であることでも知られている。

『これは〝社会人として〟の前に、人間として大切にしていることは、
当たり前ですが「時間を守ること」と「嘘をつかないこと」。

人前に出る仕事柄、人を傷つけない範囲で言葉を濁すことはありますけど。

たとえばロケの食レポでめっちゃクセの強い料理が出てきても、

「すごい酸味が効いてますね」という言い方で伝え、

「まずい」とか「舌が痺れて食えへんわ」などと否定する言葉は使わない。

それは嘘をついたことにはならないので、自分の中ではOKになります。

せやけどテレビやＹｏｕＴｕｂｅの企画に違和感を抱いたのであれば、
その場でメンバーやスタッフさんに自分の意見を正直に伝えるようにしています。

腑に落ちないことをやるのは、自分にも、見てくれる人にも嘘をつくことになってしまうので、
誰も得をしない』

――きっぱりと意思表示をする正門良規だが、しかし誰もが「そうするべき」だと理解はしていても、
実践するには別の〝勇気〟が必要になる。
それは誰かに〝出すぎたこと〟と感じさせてしまうかもしれない〝嫌われる勇気〟だ。

『こんな時代、何をやるにしてもまず〝コンプライアンス〟が頭に浮かぶ時代ですけど、
俺はスタッフさん全員に好かれたいとは思わなくなってきたんですよね。
摩擦が起きたり、嫌われたりしてしまっても、
「一緒に仕事をする人に対しては正直な気持ちを伝えることが誠実なのではないか？」――と。
誤解が生じないようにコミュニケーションを取る努力はしますけど、
相手の顔色を窺いながら態度を変えることはしたくない。
そんな覚悟を持って仕事をしていくことも、
逆に今の時代やからこそ大切なんじゃないですか』

嘘をつくことが嫌いで、真っすぐに自分自身と向き合う正門良規。
〝ザ・正門良規〟がどんな男か、かなり理解していただけたのではないだろうか――。

正門良規が取り組む大胆な〝自己改革〟

2023年10月クールからMBS／TBS系の情報番組『サタデープラス』にレギュラー出演している正門良規。生放送番組MCの座を、形としては当時関ジャニ∞（現SUPER EIGHT）・丸山隆平から引き継いだことになる。

『ウチ（Aぇ! group）で情報番組といったら、コジケンや大晴の職場やん。そこに誠也くんでもリチャでもない俺が呼ばれるなんて、正直まったく想像してなかったもん』〈正門良規〉

連続テレビ小説『スカーレット』で鮫島役を好演し、朝ドラのファンを「あのお調子者は誰⁉」とハマり役で沸かせた正門。Aぇ! groupのライブでは歌やダンスはもちろん、圧倒的なギターテクニックでファンを熱狂させられる存在だ。

「正門くんはトーク力でも高いポテンシャルを発揮してくれていますし、売りは関西風の〝薄味〟を彷彿とさせる〝優しいツッコミ〟です。前任の丸山くんも柔らかい京風の語り口でしたが、正門くんは丸山くんに輪をかけて柔らかく優しい。ときに関西芸人のツッコミを険しく感じる視聴者もいるので、正門くんは存在自体が〝売り〟になっている」（MBSテレビ・編成スタッフ）

『事務所の人に、
「（2023年）10月から『サタデープラス』のレギュラーだから」と言われたときは、しばらく呆然としちゃいました。
あまりにも予想外で、すぐに現実の話として受けとめることができなかったので。
やっぱり丸山くんのイメージが強い番組やし、
俺自身も土曜の朝は『サタプラ』を見ることがルーティンになっていたし、
そこに自分が入るって、〝何で？〟と普通は思うでしょ。
それにちゃんと話を聞いたら、丸山くんの後任やし』

正門は自身を――

『そもそもトークスキルに自信があるわけじゃないし、情報番組のMCを目標にしたこともなかったし』

――と評するが、コンサートMCやYouTubeで〝魔物（メンバー）〟相手にトークを回せているのだから、さほど心配するレベルでもあるまい。

『丸山くんとは番組をやる前に、一緒にご飯にいく約束をしていたんですが、結局は実現しないまま番組が始まってしまって。せやから具体的なアドバイスや指導はしていただけてないんですが、以前、丸山くんが『（生放送で）緊張しない日は一日もなかった』

――と話していたことがずっと心に残ってますね。それは丸山くんの覚悟と責任感やったと思うんで、俺もそれ以上の覚悟と責任感は感じていきたい』

――そう決意を語る。

関西出身のタレントやアイドルでも、芸人のように〝尖った言動をしないと爪痕を残せない〟と焦ってスベりまくる者もいるが、正門はそんなスタンスを──

『〝取らない〟というよりも〝取る必要がない〟』

──と語る。

『もともとグループの中でもガツガツと前に出るタイプじゃないし、トークに関しても芸人さんほどのキレや毒があるわけでもない。
もちろんお笑いのスキルを磨く必要もあるとは思いますが、
自分らしくないことをしようとすると、空回りしたり、流れを壊してしまうほうが多い。
だから誰かの真似をするんじゃなく、これまで自分がアイドルとして培ってきた感覚を信じて、
その場に〝Aぇ!group の正門良規〟として存在すればええんちゃうかな?
そんな意識を持つようになってから、ストレスを感じずにしゃべれるようにもなれたし』

ある意味ではタレントとしての〝意識改革〟だが、正門は——

『自分のホームであるAぇ! groupのYouTubeだと、
トーク企画で自由に楽しくしゃべれるのに、
他の場所では上手くできない』

——ことに気づいた。

『自分の中で〝面白いことを言いたい〟欲が膨らんで身動きが取れなくなり、
トークの場に苦手意識を持つようになっていたんだと思います。
だから一度、そういう〝我〟を捨ててみた』

——と、意識改革どころではない、大胆な〝自己改革〟に取り組んだのだ。

『いや、そんな大袈裟な話じゃなく、背伸びせずに振る舞うように心がけてみただけです。
そうしたら自分も楽しいし、自分が楽しいと、
まわりの演者さんにも面白がってもらえてるような気がする』

自分はいつまでも「普通」の感覚を持ったまま、活躍の場を広げていきたい――とも語る正門良規。
特に今後はどんな役柄でも演じられる俳優になるため、プライベートでは話題の映画やドラマ、舞台を見ることに時間を注いでいるそうだ。

『一度やり始めると、こんなにお芝居の仕事が自分の大部分になるとは想像もしてなかったんです。
Aぇ!groupのCDデビューでグループとしてはすごく大きくなりたいけど、
個人としてはしばらくの間、お芝居を突き詰める時間が欲しい。
ドラマ、映画、舞台……全部やりたいし、経験値を増やしたい。
いつか憧れの浅野忠信さんと柄本佑さんのように、
映画やドラマの中で〝存在感がすごい〟って言われてみたい』

関西ジュニアはもちろん、東京ジュニアの後輩たちにも――

『いつか憧れや目標の役者として、
〝正門良規〟の名前を挙げてもらいたい』

――と語る。

Aぇ!groupデビューをきっかけに、正門良規はタレントとしても、俳優としても、さらに大きく羽ばたいていくに違いない。

正門良規フレーズ

『絶対に100%の人らに好かれることはないんやし、みんなに好かれる努力をするより、上手く嫌われる方法を編み出していきたい（笑）』

アイドルとしてどちらが正解かはわからないが、正門良規が言うように、自分のことを〝好きじゃない〟人を好きにさせるよりも、好きじゃない人に〝上手く嫌われる〟方法を会得することも一種の処世術かも？

『俺はいつも壁にぶち当たったとき、弱音を吐ける、「助けてくれ！」って言える、メンバー以外の友だちリスト、ちゃんと作ってますよ』

脱退した福本大晴含め、2011年4月3日のオーディションで合格した同期の西畑大吾、永瀬廉がそのメンバー。特に西畑は最も長く時間を過ごしたメンバーであり、すでに上京しているとはいえ、今も週2～3回は電話で話し込んでいる。

『ちょっとしたトラブルでも、
「何とかなるやん」の範囲を自分で広げていけば、
その空いたスペースが〝余裕〟になるんです』

「何とかなるやん」はトラブルを解決した成功経験の上に成り立っている。つまり幾多のトラブルに見舞われ、そして解決してきたからこそ、正門の心には余裕が生まれたのだ。

『どうせ俺ら、あと100年後には灰になってお墓に入ってる。

そう考えたら俺とか、

「人生なんてそんなに気合い入れるもんとちゃうんやないかな？」

――とも思えるんです』

まるで〝人生の真理〟を突いたようなセリフ。おそらく正門良規が言いたいのは「肩に力を入れすぎないように生きる」――という意味だろう。

2nd Chapter

末澤誠也

Seiya Suezawa

〝狂犬キャラ〟末澤誠也への期待

末澤誠也といえば、(旧)関西ジャニーズJr.時代から〝狂犬〟のキャラクターが定着しているメンバーだ。

「〝狂犬〟といっても、もちろん末澤くんが〝暴力的〟なわけではなく、かつては年上のメンバーやスタッフの〝理不尽〟に堂々と声を上げて立ち向かうタイプだったため、後輩たちはリスペクトを込めて〝狂犬みたいな人〟と眺めていたそうです。それがAぇ! groupに入り、いつしか(旧)関西ジャニーズJr.のトップに立っても、周囲に向かって歯向かう姿勢が変わらず、メンバーからは〝うるさい〟〝誰にでも噛みつく〟意味で狂犬呼ばわりされるようになったと、後輩のジュニアメンバーが話してくれたことがあります」(FM大阪・制作スタッフ)

まさか〝狂犬〟のルーツに、末澤誠也が〝権力の理不尽に立ち向かう〟という素顔があったとは。

「普段の末澤くんというか、YouTubeやラジオ、ライブMCなどで見せる〝甲高い声でまわりを威圧する〟ことが狂犬キャラに繋がっていると思いますよね。でも狂犬のルーツには、後輩想いでカッコいい〝男の中の男〟末澤誠也がいたのです」(同FM大阪・制作スタッフ)

Aぇ! groupでメインボーカルを務める安定した歌唱力はもちろんのこと、Aぇ! groupが結成される以前から、末澤誠也の表現力豊かなダンスパフォーマンスや総合的に高いスキルは、「(旧)関西ジャニーズJr.に末澤誠也あり」と東京まで評判が届いていたという。

中学時代にはサッカー部の副部長、高校時代には生徒会長まで務め、学校では成績も優秀でハイスペックな一軍ぶりを見せつけながら、(旧)関西ジャニーズJr.の活動を両立させた根性の持ち主。

一方、雰囲気は十二分にチャラいイメージを持ちながら天然な性格でもあるのだから、愛されキャラになるのも当然だろう。

「末澤くんの2年後輩にあたる正門くんは『俺が(旧)Jr.に入った頃とか、誠也くんとリチャくん、なにわ男子の丈くん(藤原丈一郎)の3人が、いっつもレッスン場の壁際でウンコ座りしてスタッフさんや俺たちJr.にメンチ切ってるんですよ。そんなん、こっちは中学生ですからね。3人は町中のコンビニ前にたむろしているヤンキーそのもの。絶対に近寄りたくなかったもん(笑)』——なんて言ってましたから、末澤くんやリチャくんが尖りまくっていたのも事実でしょうけどね(笑)」(同前)

『あの頃は思い出すと恥ずかしいけど、
年下の先輩とかおったら「お前、ナンボのもんやねん!」とか、

「何を偉そうに命令しとんねん!」とか、普通に歯向かってましたからね。

でも可愛いもんですよ、殴り合いの喧嘩にはなりませんでしたから。

こっちにはリチャがおったから、年下の先輩とかは勝手に見た目だけでビビってました。

リチャ、黙っていたら強そうに見えるから(笑)』

――振り返って笑う末澤誠也。

最近はYouTubeなどでは――


『ネタバラシはしたくないねんけど、ワザとキレることが多い』

――とも明かす。

『やっぱみんな、俺が高い声と早口でキレると嬉しそうなんですよ（笑）。

「誠也くんのキャラ全開や！」――みたいな。

関西人の悪いクセですね。

あえて狂犬になるのも、メンバーや後輩からイジられたことをきっかけにしてます。

言いたくないけど〝お決まり〟のパターンで（笑）。

吉本新喜劇育ちは〝お決まり〟のパターンが体に染みついてるんですよ。

メンバーや長いつき合いがある後輩たちは、陰では狂犬じゃなく、
俺のこと〝トイプードル〟とか〝チワワ〟って呼んでるって聞いたこともあります（笑）』

メンバーや後輩たちは、それだけ〝安心して〟イジれるからこそ、末澤誠也に〝構う〟のだ。

「末澤くんをイジったら、的確で必ず笑えるツッコミが返ってくる。場が確実に笑いに包まれる安心感と信頼感、そして必ず盛り上がる確信があるからこそ、末澤くんの〝狂犬キャラ〟が成立しているのでしょう」（前出FM大阪・制作スタッフ）

『そんな、理論的に分析しないでください（笑）』

そう言って笑う末澤誠也だが、Aぇ! groupがCDデビューして全国進出を果たす際、各種バラエティ番組のMC芸人にハマりまくるのではないか?

SUPER EIGHT以来、関西から東京のバラエティを席巻するアイドルグループの先遣隊として、末澤誠也には東京のバラエティ番組を荒らしまくって欲しい。

〝狂犬〟がビビった恐怖の体験

Aぇ! groupがデビュー前からパーソナリティを務めるラジオ番組『Aぇ! groupのMBSヤングタウン』（MBSラジオ）。

「番組がスタートしたのは1967年（昭和42年）10月クールからですから、今年（2024年）の10月には57周年を迎える超長寿ラジオ番組です。今でも土曜日を明石家さんまさん、日曜日を笑福亭鶴瓶さんが務めてますが、さんまさんは1976年から48年、鶴瓶さんは1975年から49年もレギュラーを続けてくださっている。お2人がレギュラーを続けていることだけで、この『ヤンタン』の価値がいかほどかおわかりになると思います」（MBSラジオ・編成スタッフ）

それほどの〝お化け番組〟にAぇ! groupは（旧）関西ジャニーズJr.時代の2021年10月クールからパーソナリティに抜擢され、今年の10月で早や3周年を迎えようとしているのだ。

『俺らメンバー6人時代から毎週2人ずつの交代制やったけど、たまに全員が出演する回があったりして、そんときは自然といつもより張りきって声が高くなってたかも（笑）。さすがにさんまさんや鶴瓶さんほど長く続けられるかいうたら無理やと思うけど、そう簡単に水曜パーソナリティの座は誰かに渡したりできへん。俺が生まれる30年近く前から続いてる関西の超名門番組やもん！』〈末澤誠也〉

東京のラジオで超名門番組といえば『オールナイトニッポン』（ニッポン放送）。その『オールナイトニッポン』がスタートしたのは、『MBSヤングタウン』と同じく1967年10月2日。つまり両番組は、東西の深夜ラジオ文化をともに築き上げてきたのだ。

『それを知ったらまた感慨深いです。俺ら1回、『オールナイトニッポンPremium』と、『オールナイトニッポンPremium おまけ盤』をやらせてもらってるから、ラジオの歴史に関われてるのは、めっちゃ嬉しいし光栄やわ』

感慨深げに末澤誠也が話すのは『ヤンタン』レギュラーに就任する少し前、2021年6月20日生放送の『Aぇ! groupのオールナイトニッポンPremium』と『Aぇ! groupのオールナイトニッポンPremium おまけ盤』のこと。

『生放送のラジオはホンマに、パーソナリティの生の本音が飛び出すじゃないですか。
そこはホンマ、聞いてくださる皆さんには魅力やと思います。
収録された番組でも同じですけど、ラジオ番組の醍醐味やないかな。
あとしゃべり手の俺らにとって魅力的なのは、
番組に慣れると打合せ時間がめっちゃ短くなるから、
生放送ギリギリに入って、終わった途端に帰れる嬉しさもある(笑)』

末澤誠也の言う通り、ラジオ番組の醍醐味はパーソナリティの〝本音〟にある。
しかし同時にそれは、リスナー(ファン)に知られたくなかった〝素顔〟をさらす危険性もはらんでいるのだ。

その証拠に2023年1月、Aぇ! group主演舞台『ガチでネバーエンディングなストーリぃ!』上演期間に行われた東京からの事前収録オンエアでは、末澤誠也の〝狂犬キャラ〟に相応しくない「ビビりな一面」が明らかになってしまったのだから。


『アレは今でもたまに担当のディレクターさんに、「何で(編集で)カットしてくれなかったんですか!

おかげでファンの方、3万人は減りましたよ!!」――言うて文句言ってます。

3万人は盛りすぎにもほどがありますけど(笑)』

それは末澤誠也の東京滞在中の〝恐怖エピソード〟だった。


『(ホテルの)部屋がですね、前々から〝ちょっとなんか気持ち悪いな〟という雰囲気がありまして。

盛り塩してるんですよ、部屋に』

――と、滞在中のホテルのドアに除霊用の盛り塩をしていることを明かしたのだ。

『（部屋で）ご飯食べたりしてたわけ。

そしたら洗面所に扉あるでしょ、急に閉まったんですよ、それが2回も。

せやから〝（誰かおる？）〟と思って見にいっても、誰もおらんやん。

〝気持ち悪っ〟と思って洗面所の扉を開けっ放ししといてんやんか、そしたらもう1回閉まってん。

だからもう、最初から閉め切ってます』

――と、意外にビビりまくっているホテル生活を明かした末澤誠也。

『ちょっと尺（長さ）的に長くしゃべってもうたから、切りにくい（カットしにくい）のはわかるけど、
こっちは〝狂犬〟でやらせてもらってるから、その狂犬がお化けにビビってるってなったら、
ホンマにトイプードルとかチワワみたいに見えてくるやん!?
それはちょっと……しゃべったのはこっちやけど、ほんの少しだけ配慮が欲しかったかも。
……まあ、オイシいっちゃ～オイシいで、そりゃ（笑）』

――結局〝オイシい〟ワケね（笑）。

〝西の美容番長〟末澤誠也のルーティン

『Snow Manの渡辺翔太くんが、

〝STARTO ENTERTAINMENTの美容番長〟って呼ばれてるじゃないですか。

4月(10日)の『ヴィア魂』は1日だけやったから合間にお話しできなかったんですけど、
5月は29日・30日と2日間あるから、積極的に話しかけてみたいんです。

〝西の美容番長〟としては』〈末澤誠也〉

〝狂犬〟末澤誠也が、Snow Man・渡辺翔太に肩を並べる美容番長?

ますます〝狂犬〟イメージから遠ざかるが(?)、末澤誠也には美容番長にならざるを得ない深刻な理由があったそうだ。

『深刻というか……めっちゃ乾燥肌なんですよ。

せやから朝晩ともに、念入りにスキンケアはやってきましたね。

大阪は花粉に加えて黄砂が飛びまくるんで、スキンケアは東京の3倍は気を遣わなアカンのです。

関西の人は特に黄砂対策のスキンケア、月に何万円も使ってますから』

——何万円も使っているかどうかはさておき、そう言って事情を説明する末澤誠也。

日本で一番の高級住宅地といわれる兵庫県芦屋市六麓荘町出身の末澤誠也の自宅には、きっと高級スキンケア機器が揃っているに違いない。

『仮にも〝美容番長〟と呼ばれる人間（←単なる〝自称〟の気もするけど）が、器具に頼ってどうするんですか。
基本、洗顔後にボックスタイプのシートマスクでお肌を潤して、
夜のスキンケアのときだけは、
YouTubeでかまいたちさんとか見取り図さんとかのお笑いを見ながら、
スチームを当ててますけど』

よく笑うことは、末澤理論では〝感性に潤いを与え、その潤いがお肌にも影響を与える〟らしい。

『シートマスクは自分の足で鶴橋（※大阪を代表するコリアンタウン）まで行って、
韓国コスメのお店で選んでます。
成分や新商品にはこだわりたいので、
そうなると入荷スピードが早い鶴橋に行くのが一番エエんです。
馴染みのお店もありますし。
最近は日本のメーカーからもいいパックが出てますけど、やっぱり韓国はパック大国。
鶴橋のお店に行ったら、
いつも〝（また新製品出てるやん！）〟って驚かされるほど、
多種多様のシートマスクが置いてありますからね。
〝保湿、敏感肌、美白効果、シミ撃退、角質ケア、マッサージ効果〟――
俺が使ってるのは６ｗａｙ（通り）の効果があるシートマスクです』

そんなシートマスクとスチームでケアしたあとは、化粧水と乳液を念入りに塗り込むそうだ。

『朝も起きてからシャワー浴びて、ちゃんとスキンケアをしてから、コーヒー飲んだりゆっくりする時間、心の余裕が欲しいんで、どんなに朝早くからのお仕事でも、ウチを出る2時間前には起きてますね』

――朝のルーティンを明かした末澤誠也。

『髪の毛もこだわってて、傷んでるとテンション下がるから、月3回は美容室に行ってトリートメントしてます。
憧れの木村拓哉さんも、若い頃は「髪が痛むとテンション下がった」って言うてはりましたし。
ウチでは風呂上がりに洗い流さないトリートメントをつけて、一度乾かすんですけど、完全に乾ききらないうちに、もう1回別のトリートメントつけてから最後まで乾かしますね』

あくまでもこのルーティンは仕事前か翌日に仕事が入っているときのことで、その反動なのか、オフの日にはスキンケアはともかく、ヘアメイクには関わらないようにしているとも。

『そもそも仕事以外はヘアメイクは一切やらないし、
たまに自分でメイクするとしても、ライブかYouTube撮影のときくらいですね。
スキンケアにこだわればこだわるほど、普段のメイクにはこだわりがなくなる。
せやからそのあたりも、渡辺翔太くんと話してみたいですね。
ちなみに自分でメイクするときもホンマに軽くファンデーションを塗るくらいで、
眉毛も描きません。
リップだけはちょっといいやつを塗ってて、
色つきのものは鶴橋で見つけた韓国コスメの赤系ティントを使ってますね』

ちなみにメイクといえば、憧れの木村拓哉、そのお弟子（?）の亀梨和也のように、〝香水〟にも気を遣っているのだろうか?

『基本、香りはこれまでコテコテの男性向け香水は使ったことがなくて、
調べたら木村拓哉さんが南イタリアの柑橘系を使ってるって出たんですけど、
もう高校生のときからずっと、
〝女性向けのフルーティーかつフローラルな香りがする香水〟を使ってます。
末澤、10年以上同じ匂いがしてるはず(笑)。
今後木村拓哉さんと同じ南イタリアの柑橘系になるかもしれないけど、
それはあくまでも可能性の一つですね』

さて、西の美容番長・末澤誠也は、STARTO ENTERTAINMENTの美容番長・渡辺翔太と
どんな話をするのだろうか?
2人の美容談義が楽しみすぎる!

(旧)関西ジャニーズJr.で"一番太い男"

現在は毎週日曜日朝9時30分からBSフジでオンエアされているのが、(旧)関西ジャニーズJr.のメンバーが中心で出演するバラエティ番組『まいど!ジャーニィ~』だ。

基本的な番組構成は、(旧)関西ジャニーズJr.が毎週一つのテーマを取り上げ、そのテーマに即したゲストを迎えてトークを展開するトークコーナーをメインに、主に(旧)ジャニーズ事務所の先輩タレントの楽曲ないしメドレーを披露するショータイムで構成されている。

そんな『まいど!ジャーニィ~』について末澤誠也はややクレーム優先の姿勢のようだ――。

『『まいジャニ』に関しては、俺ら(Aぇ! group)ロケゲストみたいな形が一番多かったからね。スタジオでどっしり腰を落ち着けてトークを回すとか、全然できるやん!』

残念ながら、Aぇ! groupが『まいど!ジャーニィ~』のメインMCを務めるチャンスはなかった。

『正直、お仕事はナンボいただいても〝実〟になるし、特に『まいジャニ』みたいな、イメージ的に〝（旧）関西ジャニーズJr.の王道が出演する〟番組を仕切ってこそ、「Aぇ！ｇｒｏｕｐが（旧）関西ジャニーズJr.のトップやで!!」って胸張れるとこがあったから』

そんな末澤が〝ゲスト出演〟した『まいど！ジャーニィ～』の中で、『一番楽しかったかも』と振り返るのが、〝大阪リゾート ホテル・ロッジ舞洲〟を舞台に、豪華なグランピングを楽しんだ〝ご褒美回〟だったという。

舞洲とはあのＵＳＪの先（海側）にある人工島で、２０２５年の大阪・関西万博会場の夢洲（こちらも人工島）の隣に位置している。その舞洲にあるロッジ舞洲で行われたご褒美のバーベキューには、こちらもご褒美の最高級牛肉（部位）シャトーブリアンが振る舞われた。

そんなシャトーブリアンを末澤誠也は――

『みんなで食うたらエエやん』

――と、チーム全員と進行役の嶋﨑斗亜にご馳走。

味わったメンバー全員が『うまっ!』『柔らかっ!』などと、ごくごく平凡な感想しか口にできないほど感激。

『あまり言いたくないけど、俺は家族で何回も食うてるからね。
みんなに食わせたくなるやろ、そりゃ。
ホンマはシャトーブリアン中のシャトーブリアン、
キングオブシャトーブリアンの〝エンペラーブリアン〟を食わせたかったけど、
さすがに簡単には用意できへんし、俺のギャラでは無理やった(笑)』

それでも自腹で人数分のシャトーブリアンをご馳走し、さらに自分は『俺は家族で何回も食うてる』という末澤誠也。

噂では〝(旧)関西ジャニーズJr.で実家が一番太い(お金持ち)男〟と囁かれていたが、〝エンペラーブリアン〟なんて言葉が飛び出すのだから、どうやらそれは本当らしい!?

末澤誠也のタレントとしての無限の可能性

Aぇ! groupのCDデビューが発表されるちょうど一週間前の3月9日、末澤誠也と佐野晶哉は、MBS毎日放送の超大型特別番組『MBS大感謝祭 関西No.1決定戦』に出演していた。

この特別番組は2024年3月9日9:25〜11:45、11:58〜17:00にわたる合計放送時間7時間半の超豪華特番で、情報バラエティ『せやねん!』、ダウンタウン・浜田雅功がメインMCを務める街歩きバラエティ『ごぶごぶ』、明石家さんまがゲストを迎えてトークを繰り広げるトークバラエティ『痛快!明石家電視台』の、MBSテレビを代表する3番組がリレー形式で放送されたものだ。

『俺らはAぇ! groupがレギュラー出演している『Aぇ!!!!!!ゐこ』を代表して、
『ごぶごぶ』の時間帯に出演させてもらいました。
『ごぶごぶ』の時間帯には俺らと同じく他の番組から加わった代表者の方もたくさんいらっしゃって、
たとえば『サタデープラス』のアンミカさん、『オールザッツ漫才』の見取り図さん、
他は番組名はちょっと忘れてしまったんですけど、
女優の水野真紀さん、タレントの野々村友紀子さん、芸人さんはアインシュタインさん、
新喜劇の吉田裕さん、未知やすえさんも『ごぶごぶ』の時間帯に出てはりました。
それから『せやねん!』のトミーズさんは、7時間半ずっと出はったと聞いています』〈末澤誠也〉

MBSテレビでオンエアされている様々な番組から豪華なMC陣が集まり、関西力を試すバトルに挑戦。関西人に愛されるNo．1番組を決定するという今回の特番企画。

『浜田さんってホンマ関西人には神様みたいな人で、
その浜田さんに「(番組は) いつまでやるの?」と言われたとき、
『いやいやいや! やめてくださいよ、そんな (番組が) 終わるみたいな』――って、
昌哉と2人で瞬速でツッコめたの、これまでバラエティで鍛えられた賜物やね。
次はデビューしてから、他局やけど『ダウンタウンDX』に呼んでもらえて、
俺らのボケにシバいてツッコミを入れてもらいたい。
浜田さんにシバキのツッコミを入れてもらえたら、
タレントとして認めてもらえた証拠やからね』

なぜか『HEY! HEY! HEY! MUSIC CHAMP』時代から、ダウンタウン・浜田雅功に
シバかれると〝売れる〟伝説がある。

『『ごぶごぶ』のパートが終わったあと、
浜田さんに「よう頑張ってくれたな」――って声をかけてもらえて、
これはもう浜田さんにシッカリ覚えてもらった証拠だよね！
浜田さんといえば大倉士門くん（とみちょぱ）の結婚のとき、
婚姻届の証人欄に署名してくれたことを士門くんに聞いていたから、
嬉しくなって「俺も浜田さん軍団に入れたかも！」って連絡したら、
「お前にはまだ早い」――って返ってきた（笑）』

末澤誠也が浜田軍団入りできるかどうかはさておき、今回の大型特番に出演するきっかけとなった『Aぇ!!!!!!ゐこ』や『ドデスカ！』（メ〜テレ）（名古屋テレビ）をはじめ、各種バラエティの単発ゲスト出演でも経験を積んでいるAぇ！group。

〝狂犬〟と呼ばれながらも周囲の反応やリアクションに合わせた咄嗟の対応力やユーモアのある言動は、末澤誠也のタレントとしての無限の可能性を感じさせるではないか――。

末澤誠也フレーズ

『長いJr.歴で得たのは、目上の人と〝議論〟をしないこと。自分の意見を通したいときは、いったん自分の意見や考えを引っ込めて、〝意見してもらう〟ことがコツってことかな』

さすがAぇ! groupの最年長メンバーであり、高校時代に生徒会長を務めた経験の持ち主。自分の意見を（特に）目上の人に通すには、この〝押し引き〟が大切なのだ。

『ホンマに「幸せになりたい」のであれば、
それは自分で強い覚悟をして、
「幸せを取りにいく」ぐらいの気持ちがないとダメですよ』

〝ときには強引に〟が末澤誠也のモットー(?)。どうしても幸せになりたいのであれば、自分で掴みにいくことも必要だ。

『〝喜怒哀楽〟ってどれもめっちゃ大切やけど、
それを表に出して表現するときの方法は考えなければいけない。
特に〝怒〟はそうですね。
場合によっては〝笑い〟に変えなアカンときもあるから』

〝怒り〟を感じたときに大切なのは、その感情をストレートに露にするか、それとも自分なりの表現に昇華するか。〝怖い〟〝厳しい〟イメージがある末澤誠也だからこそ、そこは考えるところなのだろう。

『誰でも〝不安〟って感じるものやけど、
小さければ小さいほど、
「そんな不安、どうでもエエわ」の気持ちになる。
つまり不安を感じても、必要以上に大きくする必要はないんです』

たとえ大きな不安を感じていたとしても、角度を変えて〝小さな不安〟にすることができれば怖くない。人の心は不安に打ち勝つことができるのだから。

3rd Chapter

草間リチャード敬太

Keita Richard Kusama

『ザ！鉄腕！DASH!!』に懸けるリチャの意気込み

『最初、俺が（オーディションに）合格したって聞いて、一瞬ドッキリを疑ったね』〈草間リチャード敬太〉

ドッキリを疑うほど〝ビッグ〟なバラエティ番組とは、言わずと知れた『ザ！鉄腕！DASH!!』（日本テレビ系）のことだ。

「オーディションといっても番組プロデューサーとの面接のことで、（面接に）呼ばれた段階でほぼ合格は決まっていたようですね」（日本テレビ・バラエティ班スタッフ）

草間リチャード敬太が『ザ！鉄腕！DASH!!』に初出演したのは、Aぇ！groupが結成された2019年の5月、『DASH島』企画で島に反射炉を建設するためだった。

「〝反射炉〟とは鉄などの金属を溶かして精錬するための製鉄装置で、リチャードくんはその後、『DASH島』以外にも『0円食堂』や『グリル厄介』など、サバイバル系の力を必要とする〝食〟企画に呼ばれるようになりました」（同日本テレビ・バラエティ班スタッフ）

現在、毎週日曜日の19時台にオンエアされている『ザ!鉄腕!DASH!!』が、現在の放送日時に移ったのは、なんと26年も前の1998年4月。以来、(旧)ジャニーズ事務所バラエティの歴史において、『SMAP×SMAP』『学校へ行こう!』と並ぶ〝3大バラエティ番組〟の位置付けを守り続けている〝お化け番組〟だ。

現在、草間リチャード敬太のようにコーナー出演をしているTOKIOの後輩たちには、SixTONES・森本慎太郎、『新宿DASH』『DASH村』に出演するNumber_i・岸優太、SUPER EIGHT・横山裕、同じくtimelesz・松島聡、『DASHバーガー』に出演するTravis Japan・松田元太などがおり、一度でも出演したことがある後輩たちまで範囲を広げると、V6から嵐、なにわ男子まで相当な数に上り、Aぇ! groupからは小島健も2023年7月に一度ではあるが出演経験がある。

「TOKIOのメンバーは、後輩たちに門戸を開いて〝経験を積ませる〟ことが先輩の務めだと考えているのです。中でもリチャードくんや森本慎太郎くんのように準レギュラーとして起用する後輩は、特に潜在能力を認め、それを引き出す特別な存在。岸優太くんがKing & Princeを脱退し、旧ジャニーズ事務所を離れても使い続けているのは、リチャードくん、森本くん、岸くんの3人に特別目をかけているからに他なりません」(同前)

自分が置かれたそんな環境について、草間リチャード敬太は当初——

『やっぱり慎太郎くんがライバルかな？
実際、慎太郎くんとはDASH島で一緒に作業していたから、
どれだけやれるとかどこまでやれるとか、肌で感じた実力を知ってるからね』

——と話していたが、2024年になってからは、

『去年（2023年）の夏ぐらいから、バラエティで（松田）元太がグイグイ来てるやん？

アイツ、ほんまのアホやから、めっちゃオモロい。

俺ら3人に食い込んでくるのは、間違いなく元太やと思う』

——と、Travis Japan・松田元太の〝アホキャラ〟をかなり警戒しているようだ。

『俺もずっと関西におるから、アホキャラを演じてるか〝素〟か、見ればすぐにわかるんですよ。元太の〝アホキャラ〟は、ホンマもんのアホにしかできへんリアクションを連発してる。結局、俺がどんだけオモロいことを思いついても、アホキャラの〝奇跡の笑い〟には敵わへん。それを関西人は理解してるから、今後怖いのは慎太郎くんでも岸くんでもない、元太』

『ザ!鉄腕!DASH!!』への出演で、全国的に知名度を獲得した草間リチャード敬太。

『やっぱり日曜日のゴールデンタイムは影響力が違いますね。誠也やまっさんも「友だちから〝リチャ面白かった〟ってメール来たわ」——って言ってくれるし、丈(藤原丈一郎)も「東京のテレビで普通にリチャが映ってるのは嬉しい」ってメールくれるんですよ。まあ全国ネットやから、大阪にいても映るんですけど(笑)』

この準レギュラーは誰にも渡したくない!

評判が上がれば上がるほど、そう固く誓う草間リチャード敬太だった。

リチャが語る〝恩人・横山裕〟への想い

「SUPER EIGHT・横山裕くんがAぇ! groupの結成やプロデュースに力を貸したのは事実ですが、これまでのAぇ! groupの活動にはSUPER EIGHT・大倉忠義くんも絡んでいましたし、基本的にはCDデビューしたあとはメンバーの〝セルフプロデュース〟が活動の中心になると思いますよ。なにわ男子もCDデビューしてからは〝自分たちでやれることは自分たちで考える〟ことを前提にしていますから」

そう話すのは、(旧)関西ジャニーズJr.時代からJr.メンバーの番組を担当してきた関西テレビ・ディレクター氏だ。

大倉忠義と横山裕は後輩たちにとっては単なるプロデューサーに留まらず、精神的な支柱にもなっている。

「昨年（2023年）11月に草間リチャード敬太くんが『NEWSの全力!!メイキング』というTBS系の深夜番組に出演した際、2009年2月に旧関西ジャニーズJr.に入所してから14年半以上〝ジュニア生活〟を送るリチャードくんに対し、〝（ジュニアを）辞めるか迷ったときはなかったの？〟と質問すると、リチャードくんは素直に『**ありました**』と答え、実際に故ジャニー喜多川氏に『**〝辞めたい〟と伝えた**』――と明かしたんです」（関西テレビ・ディレクター）

ジュニア生活が長いメンバーの〝あるある〟だが、東京ジュニアと比べても〝仕事量〟にさほど差はないとはいえ、そのほとんどが〝関西ローカル〟の仕事に限られる関西ジュニアには、〝あるある〟を越えた現実的な悩みでもある。

「故ジャニーさんから横山裕くんに連絡がいき、それを聞かされた横山くんがリチャードくんを捕まえ、『**お前なんで先にこっちに連絡せえへんねん。最終的に決めるのはお前やけど、お前が1人で食っていけるようになるまで、俺が面倒見ようと思っとったんやで**』――と伝えてくれたので、リチャードくんは辞めることを思い留まったそうです」（同関西テレビ・ディレクター）

それが2018年の出来事で、翌2019年に横山裕プロデュースのAぇ! groupが結成された際、そこにはしっかりと〝草間リチャード敬太〟の名前も記されていた。

「実際には2018年中にAぇ!groupの構想は横山くんからメンバーに伝えられていたようですが、決して リチャードくんが『辞めたい』と申し出たから〝じゃあAぇ!groupに入れておくか〟となったわけではなく、なにわ男子、Lil かんさい結成の構想とともに、『もう1グループはこんなメンバーを集めたら面白い』――と、横山くんが大倉くんに提案したと聞いています。リチャードくんと故ジャニー喜多川さん、そして横山裕くんの当時の関係性を知ったうえで、故ジャニーさんが『Aぇ!group』と命名したのは感慨深いですね」（同前）

『俺は横山くんがいなかったらCDデビューすることもなかったたし、世間には〝いつの間にか消えたジュニア〟扱いされるだけやったと思う。横山くんは別に俺に何かを約束してくれたわけやないけど、あのとき、「食えるようになるまで面倒見ようと思っていた」――のひと言はめちゃめちゃ刺さりましたし、恥ずかしいけど号泣しました。泣きすぎて横山くん、引いてたけど（笑）』

苦労人の横山裕だからこそ、苦労する草間リチャード敬太の気持ちが理解できたに違いない。

同期・末澤誠也の〝リチャード評〟

Aぇ!groupの場合、福本大晴が脱退した今、メンバー間で同期を自称しているのは、草間リチャード敬太と末澤誠也の2人だけだ。

「厳密にいうとリチャードくんは故ジャニーさんからの電話スカウトで、オーディション受験者の末澤誠也くんとは同期ではありません。しかし入所時期が2ヶ月ぐらいしか変わりませんし(リチャードが先)、今はジュニアを卒業してソロ活動をしている今江大地くんを加えた3人は、他のメンバーやファンの間でも〝同期〟と認識されていますね」(MBSラジオ・制作スタッフ)

そんな草間リチャード敬太と末澤誠也は、入所歴が5年も先輩のなにわ男子・藤原丈一郎も〝同期〟扱いをしてタメ口で話している。

「藤原くんは2004年2月の入所なので、リチャードくんよりも丸5年早く（旧）関西ジャニーズJr.入りしています。しかし藤原くんがJr.入りしたとき、当時では旧関西ジャニーズJr.史上最年少の8才だったので、5年後でもまだ13才。実際、現在の年令も藤原丈一郎くんが28才（1996年2月8日生まれ）、草間リチャード敬太くんも28才（1996年1月11日生まれ）、末澤誠也くんが29才（1994年8月24日生まれ）とほぼ同年代なので、年令面も合わせて〝仲良しエセ同期〟みたいな関係です（笑）」（同MBSラジオ・制作スタッフ）

3人が仲良くなったきっかけは、旧関西ジャニーズJr.のダンスユニット・Gang Starのメンバーとして一緒に活動していたことが大きい。

旧ジャニーズJr.あるあるで、Jr.ユニットのメンバーは入れ替りが激しいが、Gang Star後期の2015年前後には、藤原丈一郎と大橋和也を筆頭に、今江大地、草間リチャード敬太、末澤誠也の〝同期トリオ〟もしっかりと名前を連ねている。

しかし草間リチャード敬太と末澤誠也は大橋和也のことは〝同期扱い〟しない。それは大橋が、Aぇ! groupでは〝正門派〟だからだ。

「大橋くんはいつも西畑大吾くんと行動しているので、正門くんにしてみれば、西畑くんと会うときに大橋くんがくっついてくるのです。ちなみに後にGang Starが消滅したあと、藤原くんと大橋くんがなにわ男子へ。さらにそのあと、リチャードくんと末澤くんがAぇ! groupへと参加するのですから、今でもGang Starは後輩たちの間で〝スター製造工場〟などと呼ばれています」(同前)

2016年の夏休みに(旧)関西ジャニーズJr.入りをした佐野晶哉はともかく、すでに在籍していた小島健、正門良規にとっては、Gang Starは憧れのユニットでもあったという。

さらにいえば小島健などは――

『Jr.のだいぶ先輩だらけやし、内情が全然掴めへん、謎に包まれたユニットやった』

――と、同じ(旧)関西ジャニーズJr.に所属していても、結構な距離感を感じるユニットだったとも明かす。

「そういう距離感もあってか、小島くんはリーダーでありながらも『リチャくんの素顔とか知りすぎたくない』――などと話していました。かつて自分が仰ぎ見ていたGang Starの〝めちゃめちゃダンス上手い人〟のイメージのまま、今後もつき合っていきたいのだとか。そんな小島くんにAぇ! group内で最もリチャードくんに詳しい末澤くんは『リチャは単なる根暗やで。佐野も暗いけど、アイツは表ではハシャいで明るく見せようとするやん。せやけどリチャは表でもアカン、暗い』――と〝素顔〟を教えていましたね（笑）」（同前）

そんな末澤誠也の〝リチャード評〟に、当の草間リチャード敬太は――

『俺、見た目はハーフアメリカンやけど、中身は（出身の）京都人やねん。それも京都市内は市内やねんけど、山に囲まれて繁華街からは離れてるから、めっちゃ奥ゆかしい性格になっとるワケよ。せやから〝根暗〟やとしたら、それは地元のせいやな（笑）』

リチャードの地元住人の皆さんにはちょっと失礼かもしれないが、確かにリチャードの地元は新幹線でも滋賀県のトンネルを抜けた先にあって、京都市内でも隔離されているかのような地形の地域にある。

『よく滋賀の人が京都の人に、
「文句あるなら琵琶湖の水停めたるぞ」って言うお決まりのフレーズがあるんやけど、
「俺の地元は琵琶湖に近いから水停まらへんよな?」って、
子どもの頃に無駄な心配したことがある(笑)』

京阪神地区の人は、みんな琵琶湖の水を飲んでるからね。

それはともかく、Aぇ! groupがCDデビューすれば、いつまでも根暗のままじゃいられない。

Aぇ! groupの注目が高まるとともに、自称〝奥ゆかしい〟リチャードも、心から明るくハシャぐようになる日が来るだろう――。

〝ハーフ〟のデビュー組メンバー同士の絆!?

草間リチャード敬太は自らがアメリカ人と日本人のハーフであることを自己紹介ネタ（ギャグ）に取り入れたりしているが、そもそもデビュー組の先輩たちにも、日本人と外国人のハーフ、クォーターのメンバーは多い。

その中の一人がSnow Man・ラウール（日本とベネズエラのハーフ）だ。

「（旧）ジャニーズJr.入所当時は本名の〝村上真都ラウール〟の名前で活動していたラウールくんですが、今やSnow Manのセンターのみならず、個人ではモデルとして世界進出も果たしていますからね。（旧）ジャニーズから初のパリコレモデルであり、国内でも最大級のファッションイベント『TGC』こと『マイナビ 東京ガールズコレクション』には15才のときに初ランウェイを歩いて以来、ほぼレギュラーモデルの扱いで、男性タレントとして最多の〝11回連続出演〟の記録を今年（2024年）の3月に作ったばかりです」（テレビ朝日・制作スタッフ）

昨年（2023年）3月の『第36回 マイナビ 東京ガールズコレクション 2023 SPRING／SUMMER』には、Aぇ! groupがシークレットゲストとして登場。ライブパフォーマンスを行ったほか、ランウェイも歩いている。

小島健は――

『めっちゃ気持ちよかった！
これからはランウェイを歩けるモデルも目標に入れたいな』

――などとノリノリだったようだ。

「昨年3月時点でのAぇ! groupは『TGC』ファンの知名度も全然高くなかったので、メンバーはシークレットゲストで出ることに対してかなり腰が引けていたと聞いています。そんなとき、控室にラウールくんが入ってきて、『〝TGC〟**のお客さんは温かいから大丈夫です**』――と声をかけてくれたとか。するとラウールくんに真っ先に近寄り、ひと言『**デカっ！**』と声を上げたのがリチャードくんだったそうです（笑）」（同テレビ朝日・制作スタッフ）

ラウールにしてみれば、メンバーのほとんどが(旧)Jr.時代の先輩でもあるAぇ!groupをリラックスさせようと顔を出したのに、いきなり投げかけられた言葉が『デカっ!』ではリアクションにも困っただろう。

もっとも身長192cmでSTARTO ENTERTAINMENT所属タレント一の高身長なのだから、身長169cmの草間リチャード敬太が驚きの声を上げたのも無理はない。

「リチャードくんは『**同じハーフやのに、何でこんなに身長違うねん!**』『**子どもの頃、何食うてデカなってん⁉**』――とブツブツ言いまくっていたとか(苦笑)。それでもたまたま当日のセットした髪型がラウールくんとお揃いで、並んで記念写真を撮ってもらったそうです」(同前)

ただし20cm以上の身長差が目立たないように、ラウールには若干〝かがんでもらった〟ことだけは、皆さんにはお伝えしておかねばなるまい(笑)。

あの〝大先輩〟からのデビュー祝いで見たモノは……!?

草間リチャード敬太と正門良規の関係が、一時期険悪になりかけたという。

「まあ〝険悪〟っていうのはネタですけど、リチャードくんが城島茂くんに『CDデビューのお祝いをしてもらった』と聞いて、城島くんに憧れる正門くんがヤキモチを妬いただけですよ」

(日本テレビ・ディレクター)

5月15日にAぇ! groupがCDデビューすることを聞いた城島茂が、STARTO ENTERTAINMENTのスタッフを介さず、草間リチャード敬太に直接連絡を入れ――

『お祝いしたるから上京するときは連絡しいや』

――と食事に誘ってくれたのだ。

「2人は『ザ！鉄腕！DASH!!』で5年近く共演していますし、CDデビューが一つのきっかけになったようですね」（同日本テレビ・ディレクター）

正門良規は何年も前から『城島茂さんが憧れの先輩』と公言していたし、それは――

『亡くなった社長（故ジャニー喜多川氏）から、

「城島の関西弁が面白いから（旧）関西ジャニーズJr.を作った」――って聞いたことがあって、

もし城島さんがいなかったら（旧）関西ジャニーズJr.がなかったかもしれへん。

それとAぇ！groupはバンド活動もちゃんとやってるけど、

やっぱりバンドといったらTOKIOさんやし、

城島さんのギターテクニックはホンマにスゴい。

普通にアーティストとしても憧れてる』

――と話すセリフからもわかる。

ただし故ジャニーさんも、〝城島の関西弁……〟云々の下りは盛っているだけだが（笑）。

そんな城島茂にお祝いをしてもらった草間リチャード敬太は――

『次に城島くんに誘われても、何か理由つけて断わると思う』

――と言うのだ。


『まず大前提として、城島くんはめっちゃいい人でめっちゃいい先輩、仕事の面でまっさんが憧れるのはよくわかる。

でもな、寝はんねん。そして起きへんねん。

ちょっとやで？ ホンマにちょっと乾杯してそんなに（酒を）飲まれてへんかってんけど、何か頬杖ついて〝目ぇ瞑りはったな～〟と思ったら、そのままテーブルに顔乗せて熟睡しはんねん。

最初は〝めっちゃ疲れてはるんやろな～〟って見ててんけど、まず1時間そのままや（苦笑）。

城島くんは結婚してはるし、こんなところで寝られたらどうしていいかわからへん。

店長さんっぽい人に「いつも酔うと寝るんで、先に帰っていいですよ」って言われたんやけど、先輩置いて帰れへんやん』

『最後はマネージャーさんに電話して、城島くんのマネージャーさんに連絡してもらったんやけど、3時間ぐらい一緒にいて、起きてはったの1時間だけやで。こんなん、関西の先輩方でも経験したことないわ（苦笑）』

――そう明かした草間リチャード敬太。

『まっさんに「ほとんど寝てはった」言うたら、「寝顔もカッコよかった?」って聞かれたんやけど、城島くん、年53（才）やで?
53才のオッサンが酔っ払って寝てる顔、カッコええワケないやん!
ヨダレも垂らし放題やったし』

一応、城島茂からはお詫びのメールが入ったようだが、草間リチャード敬太は二度と城島茂と〝サシ飲み〟することはない……かも。

草間リチャード敬太フレーズ

『俺ってすごくコミュ力が高いから、
〝よくしゃべる〟って思われがちだけど、
逆に無口というか、余計なことをしゃべらないほうが、
コミュ力って上がるもんだよ』

巡り巡って〝聞き上手〟にも繋がるのが、草間リチャード敬太のコミュ力アップの秘訣。一見、自己主張が強そうにも見えるが、実際には「他人の話をよく聞いて、自分からは余計なことをしゃべらない」ことこそが、リチャが考える真のコミュ力アップ法なのだ。

『城島茂さんや国分太一さん、松岡昌宏さん、大先輩のTOKIOさんとお仕事させてもらって感じたのは、俺ごとき失敗して当たり前やし、みっともない姿も見せてしまう。でも「それでエエやん？」ですね』

当時、関西ジャニーズJr.から〝大抜擢〟されたのが、日本テレビ系『ザ！鉄腕！DASH!!』への準レギュラー出演だった。今から約4年前、目玉企画の〝DASH島〟に出演すると、以降も〝0円食堂〟〝グリル厄介〟へと出演を重ね、今なお新企画への出演が予定されている。そんなリチャが〝全国ネットのゴールデン番組〟で学んだことが、チャレンジ精神を忘れない、失敗を恐れないポジティブな〝気持ち〟だ。

『今、俺は28才ですけど、
嫌なこととか困ったこと、結構忘れてしまっている。
人間、今まで生きてこられたんやから、
「これからも何とかなる!」の精神(笑)』

人は良いことも悪いことも記憶する生き物だけど、悪いことや嫌なことはできるだけ忘れてしまったほうが前向きに生きられる。〝これまでの人生、いい思いよりも嫌な思いをしたことのほうが多かった〟リチャからのメッセージ。

『目標は長くもなく短くもなく、デビューが決まった今やからこそ、〝10年後になりたい自分〟を目指していきたい』

今もなお、デビュー、それも流行りのデジタル配信ではなく夢のCDデビューを飾ることが〝信じられない〟と明かす草間リチャード敬太。だからこそこれからは、焦らずに一歩ずつ足元を踏み締め、10年後には〝さらなる理想〟の自分になっていたいのだ。

4th Chapter

小島健

Ken Kojima

最も後輩ジュニアから慕われているメンバー

まず最初にコジケン推し、コジケン担の皆さんには申し訳ないが、関西のマスコミやギョーカイでは、小島健には「無駄にイケメン」の評価が定着していることをお断りしておきたい。

「もちろん（旧）ジャニーズですから、イケメンに越したことはない。でも関西の場合、往々にして〝イケメン〟よりも〝面白い〟〝ギャグセンスが高い〟ほうが〝モテ〟の指標に繋がるんです。小島くんも〝自称〟（旧）関西ジャニーズJr.で一番面白い男ではありますが、関西のマスコミやギョーカイにはその実力があまり浸透していない（苦笑）。関西での小島くんの一般的な評価は、〝コジケンは背も高いし顔もイケメンだけど面白くない。単なるスベりキャラ〟になってしまっているのが現状です。実際にモテるかどうかでいえば、確かに（旧）関西ジャニーズだからモテはしてますけど、世間が予測するよりも全然モテていないのです（笑）」（関西系お笑い作家）

メンバーたちも認めているが、アイドルとしてのＡぇ! ｇｒｏｕｐは、正門良規と末澤誠也の〝Ｗセンター〟と関西マスコミでも認識されている。

今後はCDデビューによって全国的な評価は変わっていくだろうが、コジケンと（佐野）昌哉のスベりキャラ、イジられキャラは〝永遠〟といっても過言ではないだろう（笑）。

「あれだけのイケメンなのに〝キャラが弱い〟のも、小島くんがパッとしない原因の一つです。たとえば末澤誠也くんには〝狂犬〟、佐野晶哉くんには〝魔王〟、草間リチャード敬太くんには〝リチャ（↑そのまんまやん）〟などのキャラクターがついてますが、小島くんには何もない。Aぇ! groupのリーダーなのに、グループ内で一番キャラが弱いのも残念ポイント」（同関西系お笑い作家）

そんなコジケンだが、担当の皆さんにとっては〝イケメン王子〟そのもの。

「よくご存知のファンの方もいらっしゃると思いますが、小島くんは幼稚園児の頃から日本人離れしたホリの深い少年で、近所でも評判のイケメン王子だった。ところが逆にイケメンゆえに周囲の期待やワクワク感が大きく、写真や写メに顔写真を撮られることすら極端に嫌がるコンプレックスの塊だったそうです。2012年7月、大西流星くん（なにわ男子）や関西ジュニア・岡佑吏くん（AmBitious）たちと同期で当時の（旧）関西ジャニーズJr.研修生に採用されますが、中学生の頃はあまり活動に身が入っていなかったといいます。それが大阪市内の私立高校に進学すると、2学年上の先輩に大橋和也くん（なにわ男子）が在学していて、その大橋くんの背中を追いかけるように、真剣にレッスンに励んだのだとか」（同前）

そんな高校生の頃、のちに自己紹介持ちネタ『ビバ、コビバです!』の原型になる一発ギャグ――

『ん〜、ビバ!』

――が生まれたそうだ。

「そういう意味でいっても高校の先輩でもあった大橋和也くんのおかげで頭角を現し始めたわけですが、その大橋くんでも同期の大西くんでもなく、小島くんが〝なにわ男子〟のメンバーで親友と公言するのは、約2年後輩で年齢も3才年下の長尾謙杜くんです」(同前)

ご存知の通り、長尾謙杜も豪華な同期で知られる〝2014年11月オーディション組〟の一員(なにわ男子・道枝駿佑、高橋恭平、長尾謙杜。Lil かんさい・大西風雅、西村拓哉)で、しかも翌年には早くも〝注目株〟として目をつけられていた関西のエリート組だが、小島健はこの頃から〝後輩に慕われる〟存在として知られていたそうだ。

「小島くんは(旧)関西ジャニーズJr.に入ったときも、当時の仮合格を意味する〝研修生〟扱いでしたし、中学生から高校生の頃は〝イケメン苦労人〟として後輩から人気があり、今もAぇ! groupの中では、最も後輩ジュニアから慕われているメンバーでもあるのです」(同前)

末澤、リチャードは、なにわ男子・藤原丈一郎と同期だし、正門はKing & Prince・永瀬廉やなにわ男子・西畑大吾と同期。

今在籍している関西ジュニアから見れば、末澤、リチャード、正門は〝雲の上の存在〟に近く、その観点から見れば、最年少の佐野晶哉も現ジュニアとの交流が深い。

「Aぇ! groupのリーダーは小島くんの立候補で決まりましたが、結成から丸5年が過ぎた今、〝小島くんがリーダーでよかった〟と、メンバーの誰もが思っていると聞いています」(同前)

さてそんな小島健が最も憧れる、尊敬する先輩はジェシー(SixTONES)で、なんとなく〝イケメンだけどスベリキャラ〟の類友臭が漂ってくると感じるのは、私だけではないだろう。

ちなみにジェシーといえば、STARTO ENTERTAINMENTの(20代以下)若手メンバーの中で最も華麗な交遊関係を誇っているといわれるが、そのジェシーの交遊関係の一端に小島健が〝顔を出した〟エピソードがあると聞けば、皆さんにお話ししないわけにもいかないだろう——。

(to be continued)

憧れの〝ロールモデル〟はあの先輩

さてお話ししたようにSTARTO ENTERTAINMENTの先輩たちの中で、小島健が最も憧れ、尊敬しているのはSixTONESのジェシーだという。


『これは単純に俺が一般人の視線で〝アイドル〟としての先輩方を見たとき、ルックスや活動内容、心から〝カッコええ〟と感じるのがジェシーくんっていう話やねん。

横山くんや大倉くん、SUPER EIGHTの皆さん、WEST.の皆さん、Snow Manの向井康二くん、それに室龍太くん、ジュニアの頃からお世話になって、〝(旧)ジャニーズ〟というモノを学ばせてもらった関西の先輩方はもちろん大尊敬してるし、めっちゃ憧れもしてる。

でもジェシーくんは、よくK-POPの世界で〝ロールモデル〟っていうんやけど、具体的なタレント像の目標みたいな存在』〈小島健〉

確かに小島健とジェシーは日本人離れしたルックス（※ジェシーはそもそもハーフだが）、身長の高さ、モデルや俳優活動、グループのギャガーでありスベリ担当（←これはちょっと違う？）など、〝ロールモデル〟といわれても違和感はないほど共通点が多い。


『俺、バンドとしてのAぇ! groupではキーボード担当やん。

（旧）ジャニーズのバンドって、キーボード担当にはキーボード担当の役割があるらしい。

男闘呼組の前田耕陽さん、TOKIOの国分太一さん、SUPER EIGHTの村上信五くん……

皆さん何というかグループのお笑い担当というか、ガツガツ前に出はるタイプやねん。

まあ、考えてみたら俺も前に出たいタイプやし、
キーボード担当の伝統を受け継いでもエエんやけど……。

やっぱジェシーくんになりたいねん！』

さて、そんなジェシーに憧れる小島健ではあるが、ジェシーといえば同時に〝華麗なる交遊関係〟でも知られるメンバー。

「ジェシーくんの交遊関係は、公表されているだけでも俳優の寺脇康文さん、向井理さん、吉沢亮さん、菅田将暉さん、タレントのアンミカさん、ミュージシャンからは玉置浩二さん、YOSHIKIさん、ナオトインティライミさん、King Gnu・常田大希さん、井口理さん、お笑い界からは所ジョージさん、コロッケさん、木梨憲武さん、浜田雅功さん、ヒロミさん、小峠英二さん、近藤春菜さん、ミラクルひかるさん、エハラマサヒロさん、せいやさん、嶋佐和也さん、スポーツ界からも川合俊一さん、新庄剛志さん、さらには秋元康さん、ROLANDさんらも〝飯友〟です。これだけの交遊関係を誇る芸能人は、ジェシーくん以外にはなかなかいないでしょう。それでも、まだ漏れている芸能人や有名人がいると聞いています」（人気放送作家）

そしてこの交遊関係の広さも、小島健がジェシーのことを憧れる一因になっているようだ。

『基本、(旧)ジャニーズの皆さんって、
信じられないぐらい〝人見知り〟なんですよ。
まあ、俺も中学ぐらいまでは人見知りやったけど、
ウチのメンバーもみんな人見知りで、
外仕事(※個人仕事など)に出たらモジモジしてるし、慣れるまで時間かかる。
せやけどジェシーくん、話を聞けば聞くほど瞬殺で新しい交遊関係が増えていくんです。
「そんなんジェシーくんの性格やん!」って言わはる人もいるでしょうけど、
それには信じられへんぐらいポジティブなエネルギーが必要やと思うんです。
そういうポジティブさもぜひ見習っていきたい。
ほら最近、自己肯定感とか流行りじゃないですか?
自己肯定感が高くないとスーパーポジティブにはなれませんからね』

そんなジェシーに〝いざ〟ご飯に連れていってもらった小島健だが丁重に——

『二次会はお断りしました。

のぞみの終電のせいにして（笑）』

——と話す〝事件〟があったらしい。

『ジェシーくんに、新しくできた六本木の麻布台ヒルズの近くに連れていってもらったんです。

あべのハルカスを超える日本一高いビル（330m）ができたって聞いて。

大阪人としては、あべのハルカスより高いかどうか、ちゃんと確かめな気が済みませんからね』

麻布台ヒルズ森JPタワーの330m、あべのハルカスの300m。

『〝あべのハルカス〟って、僕が地元から大阪市内に入る玄関口の象徴なんで、

東京には負けたくないんです（笑）』

そんな日本一の高さを誇るビルを見上げるテラス席でジェシーとご飯を食べていた小島健だったが、そのとき、ジェシーのスマホに着信が入る。
『悪い。ヒロミさんだから出るだけ出るな』と言ってスマホを取ったジェシーだったが、その瞬間、小島健の頭の中は——

『（ヒロミさんって、あのヒロミさん？
（旧）ジャニーズの先輩たちがお世話になりまくりの⁉）』

リアルタイムでは番組を見ていないものの、ヒロミさんと（旧）ジャニーズJr.が共演していた『8時だJ』（テレビ朝日系／1998～99年）の名前ぐらいは知っている。
ジェシーはヒロミからの電話を切ると——

『近くの（麻布）十番でノリさん（木梨憲武）と飲んでるから〝二次会で合流しないか？〟ってさ』

——と、驚きのセリフを小島に浴びせたのだ。

『ののののの、ノリさん⁉』

ヒロミだけではなく、志村けんさん亡きあと、新しい〝麻布十番のヌシ〟と呼ばれる木梨憲武まで一緒にいるとは。

ジェシーの『どうする?』の声がまともに届かないほど、小島健は舞い上がってしまっていた。

しかし結果はというと――

『まだジェシーくん、ヒロミさん、ノリさん、俺で飲むのは早い。キンチョーしてお漏らしするかもしれへん』

――そう考えた小島健は、新幹線のぞみの終電で大阪に戻らねばならないことを理由に、ジェシーとは一次会で別れたのだ。

『いや、めっちゃ行きたかったけど、マジに心の準備なんもできてへんかったからさ。
次は〝サプライズ二次会あるかも〟のつもりでおるわ』

次回に向けての抱負(?)を語る小島健だったが、しかし残念ながら、それから一向にジェシーから誘われないのだそう。

これはCDデビューお祝いを口実に、自分からアプローチするしかなさそうだ。

デビュー後に待ち受ける小島健のピンチ!?

関西ローカル+一部西日本エリア（広島テレビ・山口放送・四国放送）でオンエア中の情報バラエティ番組『あさパラS』に、週替わりのパネリストとして準レギュラー出演している、Aぇ! groupのリーダー・小島健。

毎週土曜日の朝、午前9時25分から10時30分まで大阪・読売テレビから生放送されている『あさパラS』には、同じくAぇ! groupの佐野晶哉、後輩のAmBitious・真弓孟之、岡佑吏も週替わりのパネリスト陣として名を連ねている。

「司会は関西のお笑い界では大御所女性芸人として知られるハイヒール（ハイヒールリンゴ・ハイヒールモモコ）のお2人で、アシスタントに読売テレビの男性局アナ・岩原大起アナウンサーが起用されています。番組タイトル『あさパラS』の〝S〟は〝Strong〟と〝Sharp〟の頭文字から取られていますが、なぜか小島くんに言わせると『〝ゴジケンSpecial〟のSやと思います。あるいは〝ゴジケンSuperStar〟のダブルS』――らしいです」（読売テレビ・制作スタッフ）

ちなみにハイヒールのハイヒールモモコさんといえば、こちらも関西ローカルではあるものの、毎週土曜日の午後にオンエアされている『モモコのOH!ソレ!み〜よ!』(関西テレビ)にはWEST.・重岡大毅が丸11年間もレギュラー出演しているし、重岡が出演する以前はSUPER EIGHT・村上信五が丸10年間レギュラーを務めていて、旧関西ジャニーズ及び旧関西ジャニーズJr.にとっては〝関西芸能界の母〟的な存在。

コジケン本人も――

『ハイヒールさんとのご縁は、ホンマに関西のギョーカイではめちゃめちゃ頼りになる!
関西ではどこに行っても〝モモコさんに可愛がってもらってる〟ことがわかれば、
急に相手の態度が変わりますからね(笑)』

――と明かす。

さて、そんな〝コジケンSpecial〟こと〝コジケンSuperStar〟が出演した4月13日の『あさパラS』では、その3日前に東京ドームで開催されたSTARTO ENTERTAINMENT所属アーティストによるライブイベント『WE ARE! Let's get the party STARTO!!』の舞台裏の話題が生放送で取り上げられた。

皆さんもご存知の通りこの『ウィア魂』の演出は松本潤と大倉忠義が担当したのだが、ハイヒールの2人は〝嵐ファン〟であると同時に、コンサート当日に発表された嵐5人での新会社設立にも興味津々で、なんとかコジケンからエピソードを聞き出そうと前のめりに。

コジケンは旧関西ジャニーズJr.入所からAぇ! group結成後まで嵐のバックダンサーを務めた経験はないものの、番組では——

『嵐さんのライブに見学に行かせていただいたときは、それがちょうど年明けで。
バックとかついたこともないようなレベルの関西ジュニアの1人として行ったら、
それでも皆さんお年玉をくださって。めちゃめちゃ優しいです』

——と明かした。

これに対してハイヒール・リンゴが「いやらしい話、(お年玉)なんぼ(いくら)入ってたん?」と、関西のオバちゃん丸出しでツッコミを入れると、コジケンはすかさず『ウィア魂』の話にすり替える。

『(出演者の)皆さんオーラがスゴくて。
どこ行っても〝スターがおる〟——みたいな』

——と振り返り、メンバー全員で松本潤に挨拶をした話に。

『(松本さんに)「一人ずつ自己紹介してよ」って優しく言われたんで、
「僕、小島健っていいます。リーダーやってます。
気軽に〝健ちゃん〟って呼んでください」って言うたんですけど、
「いや、大丈夫です」と返されました』

——と苦笑いのコジケンに、再びリンゴが「さすが家康!」とツッコミを入れて笑いを取る。

コジケンは番組当日を振り返って――

『番組終わったあと、リンゴさんにずっとお年玉のこと聞かれ続けたんで、
正直に「1万円入ってました」と答えました。
そしたら「全員から？ 5万円!?」と言われたんで、
「バックについたジュニアは知りませんけど、
見学していたジュニアは5人から1万円です」って答えました』

――と、明かした。

そして〝ジュニアのお年玉事情〟について、デビューしたからゆえの切実な悩みを打ち明けた。

『今年の正月まではAぇ！groupもジュニアやったから、正月の新春公演とか顔出しても、小学生のジュニアに〝ご縁がありますように〟って〝5円玉〟あげるだけで成立したんですけど、もうデビューしたから来年の正月はちゃんとジュニアみんなに（ポチ）袋に入れて配らなアカン。
今、関西にも70人以上のジュニアがいて、
ひょっとしたら年末までに100人とかになるかもしれないじゃないですか？
俺らメンバー5人であげるにしても、
そんだけの人数がおったら1人あたりの負担が〝10万円〟とか超えるでしょ。
もし仕事の都合で東京に家借りるとかなったら、
東京の家賃は大阪の3倍はするって吉本の芸人さんに聞くから、
俺らデビュー直後から〝お年玉積み立て〟せなアカンのとちゃいます？』

可愛い後輩たちが喜ぶ顔を見たいなら、〝お年玉積み立て〟の一つや二つ、覚悟しなきゃいけないんじゃない？
……っていうか、〝お年玉積み立て〟してる先輩たちの話なんか聞いたことないけどね（笑）。

〝役者・小島健〟の唯一無二の可能性

昨年（2023年）10月クールに読売テレビの深夜30分連ドラ枠・ドラマDiVEでオンエアされたのが、小島健と浅川梨奈のW主演作『帰ってきたらいっぱいして。』だった。

この作品は、Aぇ! groupデビュー直後の6月5日にBlu-rayおよびDVD BOXが発売される。

『エロい小島健が堪能できるから、ファンの皆さんは永久保存版で買うてな！』〈小島健〉

原作は、ましい柚茉氏の漫画『帰ってきたらいっぱいして。～アラサー漫画家、年下リーマンに愛でられる～』の実写化。

小島健が演じた女癖の悪いクズなエリートサラリーマン・高城直哉と、彼を〝参考資料〟として同居生活することになった、浅川梨奈が演じた崖っぷちアラサーTL（ティーンズ ラブ）漫画家・福永朱音の、妄想と現実が交錯するドキドキ満載の同棲生活ラブストーリーだ。

『他ではなかなか見られない、
アイドルが演じるには刺激的なラブストーリーに仕上がってましたね。
Aぇ! groupのメンバーが出演した作品では過去イチ攻めてる作品ですが、
リーダーの俺が率先して汚れ役に挑戦せんと（笑）。
ファンの皆さん、これはあくまでも〝お芝居〟なので、
日常にはあまりない妄想と刺激を求めて、
改めてBlu-rayやDVDのBOXも楽しんでいただきたい』

――と、自ら〝刺激的なラブストーリー〟と言う小島健。

「僕らの間では、正直、当時は小島健くんの役者としての技量や可能性に期待する声はありませんでした。極端にいうと、ドラマ界ではAぇ! groupの名前もほとんど知られてませんでしたからね。関西の（旧）ジャニーズは、なにわ男子の道枝（駿佑）くんで止まってますから（苦笑）」

そう話すのは、某大手ドラマ制作会社のプロデューサー氏だ。

「しかしオンエアされた作品をネット配信で見て驚かされました。関西はともかく東京のギョーカイではほとんど知られていないアイドルグループのメンバー、それもこれから世に出ていこうとするメンバーが出るには、少々ネガティブなイメージがついてしまうんじゃないか?……と。こちらが心配するほど濃厚なシーンを演じてもいましたからね。今のアイドルファンの皆さんはネット配信の〝リアリティショー〟を見慣れているから、いくら過激とはいえ地上波でオンエアできる範疇の内容ならば免疫がついていたのかもしれませんが」（大手ドラマ制作会社プロデューサー）

そんな作品に、東京のドラマ界的には〝新人〟同然の小島健がチャレンジした意義は大きいと、プロデューサー氏は話す。

「同棲生活をする2人の濃厚なラブシーンはもちろんですが、小島くんが演じた〝外見も仕事の能力もハイスペックでありながら、女性関係においては単なるクズ男〟のキャラクター自体、アイドルが演じるにはリスキーです。また僕が注目したのは2人が喫茶店で出会うシーンですが、小島くんの目の前に女性が現れ、他の女性と寝ていた写真を見せたうえにコップの水を頭からかけられる修羅場シーンでの小島くんのリアクションです。もちろん監督からの指示は出ていても、黙って水をかけられている間の表情はもちろん、かけられたあと、少し悩ましげな顔つきで髪をかきあげる仕草の、いかにも〝カッコだけはつけるクズ男〟ぶりがよかった。また朱音との同棲が決まったとき、自然な仕草と表情で『よろしくね』と発する無駄に爽やかな芝居も、文句のつけようがないほどのクズ男演技でしたね。話を聞くとスタッフが女性ばかりだそうで、〝ああ、女性から見たクズ男ってこんな感じに見えるのか⁉〟って勉強にもなる芝居でした」

プロデューサー氏は〝役者・小島健〟を高く評価してくれているではないか。

『嬉しいな、過激なシーンばかりじゃなく、
普通は見逃しがちな細かいシーンも見てもらえてるなんて。
確かにオファーをいただいたとき、まだCDデビューしてないうちに、
「アイドルがこんな過激なドラマに出てもエエんかな?」……って一瞬の躊躇はあったけど、
誠也くんやまっさんじゃない、
「俺が演じるから面白いんじゃないか!?」――の気持ちのほうが上回ったんよ。
関西人としては、これまで〝エロカッコいい〟キャラや言うてきたんやから、
ホンマにエロいドラマに出るのは〝オイシい〟って気持ちもあったことはあったけどね。
みんなにツッコまれたらオイシいやん(笑)』

そう言って笑う小島健。

このドラマが東京のドラマ制作者の間で再注目され、難役、癖のある役柄も演じられるような
〝唯一無二の役者〟になって欲しい。

ファーストピッチセレモニーに懸けた小島健の〝ある策略〟

2024年4月19日、小島健と正門良規、草間リチャード敬太の3人は、北海道日本ハムファイターズの本拠地〝エスコンフィールド北海道〟に登場。当日試合が行われた千葉ロッテマリーンズ戦の試合開始前に、いわゆる始球式にあたる〝ファーストピッチセレモニー〟に姿を現した。

『去年から日ハムさんの新球場（エスコンフィールド北海道）めっちゃ話題じゃないですか。
実際この目で見させてもろたら、確かにめちゃめちゃ環境も設備もよくて、
3人で「そら話題になるやろ! 何やねん、このカッコよさは」って納得しまくりでしたからね。
エスコンフィールド北海道っていうのは球場の名前で、
一帯は〝北海道ボールパークFビレッジ〟って名前らしいです』〈小島健〉

『グラウンドに入ってめっちゃ驚いたのが、屋根が開いた開放感と、レフトとライトのスタンドの上に、幅が約86mで高さが約16mのLEDビジョンがあったこと。バックネット裏やスコアボードもどこもかしこもLEDビジョンで、「どんだけキレイな映像に囲まれまくりやねん!」って思ったし、「もしここでコンサートやれたら、3階席のお客さんもめっちゃキレイなライブ映像楽しめんのに」――って、いろいろ想像しちゃいましたね。

Aぇ!groupにとっては、デビュー発表をした京セラドーム大阪がスタジアムでは聖地になりますけど、将来メンバー5人でこの球場に帰ってきたいし、TOWER11の前で5人揃って記念写真撮りたい』

〝TOWER11〟とは球場の内部にある複合施設で、壁面にはかつてファイターズに在籍したメジャーリーガーのダルビッシュ有選手と大谷翔平選手の壁画が描かれている。

エスコンフィールド北海道ではシーズンオフをメインに音楽イベント（コンサート）も開催されているようだが、グラウンドの天然芝を保護するため、これまでは観客もスタンド席のみの入場で、ステージもセカンドベース付近に設置された小規模コンサートになっているそうだ。

残念ながら現時点では、小島健が想像したような超満員の大規模コンサートの開催は難しいだろう。

「もともと2022年までファイターズが本拠地にしていた札幌ドームは、ドームツアーを行うアーティストたちにとって最後の関門でした。やはり北海道（札幌市）に5万人のファンを集めることはそう簡単には実現しないので、（旧）ジャニーズの超人気グループでも、札幌ドームを含めた〝5大ドーム（札幌・東京・ナゴヤ・大阪・福岡）ツアー〟を行えたのはSMAP、KinKi Kids、嵐、関ジャニ∞（現SUPER EIGHT）の4組しかいませんし、女性アイドルグループではAKB48しかいません。しかもAKBの場合、ギリギリまで札幌ドームの申し込みが埋まらなかったので、すでに卒業していた前田敦子を急遽ゲストに呼んで、なんとか満員にしたほど苦戦していました」（売れっ子音楽ライター）

さて今回エスコンフィールド北海道に登場した小島健、正門良規、草間リチャード敬太の3人だが、北海道といえばAぇ! groupがデビュー直後に行う全国ツアー『Aぇ! group Debut Tour～世界で1番AぇLIVE～』のスタートが、5月25日、26日の北海道・真駒内セキスイハイムアイスアリーナで幕を開ける。

ツアー初日の真駒内セキスイハイムアイスアリーナといえば、北海道を代表するアリーナ会場として一番の規模（収容人数1万人）を誇る。

今回、積極的にエスコンフィールド北海道での〝ファーストピッチセレモニー〟に小島健が参加した裏には、事務所から「リーダーも行きなさい」と指名された以外にも、小島自身が〝ある策略〟を持って――

『もし指名されなかったら、追加立候補していたぐらい』

――と内心では計算しまくりだったようだ。

『2021年から2022年、2023年とオリックスバファローズがパ・リーグ3連覇して、
丈くん（なにわ男子・藤原丈一郎）の露出がめっちゃ増えたじゃないですか。
東京の人はピンと来ないかもしれないけど、
関西では年がら年中、オリックス絡みの企画や取材、ニュースに丈くんが呼ばれてるんです。
ちょうどなにわ男子がCDデビューしたのも2021年やし、
今年Aぇ! groupがデビューしてファイターズさんにガッツリと食い込めれば、
ファイターズさんが優勝したとき、Aぇ! groupに仕事が来るかもしれない。
俺はその仕事が欲しいんで、
まだSTARTO ENTERTAINMENTの誰も、
ファイターズさんに食い込んでいないうちに、
俺が〝お先で〜す〟と食い込んでおきたいんですよ（笑）』

――こっそり明かした小島健。

『芸能界はサバイバルですからね。
できれば今後、エスコンフィールドさんがフル規模のコンサートを解禁されたときは、
Aぇ！groupにもお声掛けをしていただけるように。
そんなインパクトを〝ファーストピッチセレモニー〟で残したい』

やる気マンマンで〝ファーストピッチセレモニー〟に懸ける意欲を語っていた小島健だが、意外と〝スポーツ苦手〟でファーストピッチセレモニーは正門良規に譲ることに……。

次はぜひ、フル規模のコンサートが解禁されたエスコンフィールドのステージで、強烈なインパクトを残して欲しい。

小島健フレーズ

『成功した人の言葉しか世の中には残らへん。俺らも成功せな、俺らが発する言葉は残らへん。その覚悟を持って言葉を発していきたい!』

さすがAぇ!groupのリーダーらしい、力強いセリフを発する小島健。その覚悟はAぇ!groupの明るい未来を照らすかのようだ。

『個人でテレビに出させてもらう機会が増えて学んだのは、まわりの演者さんやスタッフさんに頼りまくる、〝頼り上手〟になることが成功への道ってこと』

全国的にはあまり知られてはいないが、関西ローカルのバラエティ番組や情報番組では〝おバカイケメン〟のポジション(?)を確立させている小島健。このコジケンに限らず、東京進出を果たした吉本興業の売れっ子芸人たちに知られているAぇ!groupのメンバーたちは、全国ネットの番組でも臆せずにガンガン絡み、頼っていけるだろう。

『「自分にはもっとできるハズや!」とか、
メンバーに「お前ならできるハズや!」とか、
リーダーだからこそ、過度には〝期待しない〟ことにしています』

過度に期待することでメンバー(特に佐野晶哉?)を萎縮させてしまうのでは?……と悩む小島健。しかしそんなことで萎縮していては、そもそもメンバーたちに明るい未来はないだろう。気にせずに期待しまくってもいいのでは!?

『俺は〝なりたい小島健〟像があるから、
寄り道せんとやってこれてるんです。
そんな〝なりたい小島健〟は、
他人に決められるモノじゃない』

小島健にはハッキリとした未来予想図が描けているからこそ、余計な寄り道はしない。だからファンとしても、安心して応援できる。

5th Chapter

佐野晶哉

Masaya Sano

佐野晶哉、歌ウマを封印!?

Aぇ！groupのCDデビューが発表される前日の2024年3月15日、ファンの皆さんや番組視聴者の皆さんにはおなじみ、TBS系『ラヴィット！』〝カラオケ100点チャレンジ〟で、佐野晶哉は4回目の挑戦（歌唱曲 a・i・ko『カブトムシ』）で見事に初の100点を叩き出した。

「佐野晶哉くんといえば昨年（2023年）11月、番組（『ラヴィット！』）内で『**ここ2年間で、カラオケの賞金だけで300万円を稼いだ**』——と豪語して話題になりました。その後、人気番組『千鳥の鬼レンチャン』の〝サビだけカラオケ〟でも鬼レンチャン（10レンチャン）して100万円をゲットしているので、少なくとも400万円に積み上がっています。『ラヴィット！』の100点チャレンジは賞金が出ませんが、この調子で芸能界初の〝カラオケでM-1やキングオブコントの優勝賞金を稼いだアイドル〟を目指して欲しいですね」（人気放送作家）

Aぇ！group最年少の佐野昌哉は以前から（旧）関西ジャニーズJr.屈指の歌ウマとして知られていたが、Aぇ！groupでのポジションは〝ドラムス〟で、メインボーカルは末澤誠也。

佐野晶哉は小学2年生からミュージカルスクールに通い、小学4年生から小学校卒業まで劇団四季の舞台に子役として出演していた。その頃から〝絶対音感〟が身についていたことが自慢で、(旧)関西ジャニーズJr.時代には大阪音楽大学短期大学部に通い、作曲を学んだという。

「佐野くんは大学名をテレビ番組でも公表してますが、あえて短大に進んだのは、『**グループの活動のために2学年上の小島健くん(と福本大晴くん)と同じ年に大学を卒業したかったから**』というのが理由だそうです。大学で作曲を学んだことが、ドラマーでありながらグループのオリジナル曲の作曲を担っていることに活かされてますね」(同人気放送作家)

そんな佐野晶哉に対し、『ラヴィット!』メインMCの麒麟・川島明は、「カラオケで100点出せたからデビューに繋がった」と喜び、5月15日にCDデビューを果たしたあと、大阪で「超絶オイシい肉を食わせたる!」と、Aぇ! group全員に祝いの席を設けてくれることを約束してくれたそうだ。

『川島さんはまだ45才で22才の俺の〝お父さん〟というには微妙に若いけど、東京のお父さん、芸能界のお父さんとしてめちゃめちゃ頼っていくつもり(笑)』〈佐野晶哉〉

こうして一方的に〝頼っていく〟宣言をする佐野晶哉は、さっそくこんなことを川島に相談していたという。

「4月に入ってからの話ですが、生放送明けで帰る準備をしていた川島さんを捕まえ、**『上京する芸人さん、全員がテレビで〝東京の家賃は信じられへんぐらい高い〟言うてはりますけど、俺、どの辺に住んだら便利ですかね？ そのあたりの家賃っていくらぐらいですか？』**——と迫っていたんです。デビュー前から上京する計画を練っているのか……と、ちょっとイメージとは違ったので驚きました」

（TBS系『ラヴィット！』スタッフ）

ちなみに川島は佐野に——

『カラオケの賞金、残ってるやろ。200万も残ってれば楽勝やで』

——と返していたらしい。

もちろん200万円とは家賃ではなく初期費用の合計だ。

「佐野くんは以前、賞金の使い途を〝グループのMVを作りたい〟としていましたが、デビュー曲のMVはちゃんとレコード会社さんが予算をかけて作っているので、初期費用ぐらいは残っているでしょう。というか焦って上京すると、かつてのSUPER EIGHT・村上信五くんや横山裕くんのように、仕事がないのにお金ばっかり出ていくから大阪に戻る羽目になりますよ(苦笑)」(同TBS系『ラヴィット!』スタッフ)

ちなみに賞金がかかった各種カラオケ番組のスタッフたちは「もう佐野くんを呼ぶ気はない」などと溢していいるらしい。

その理由は「他の歌ウマで100点出せる人たちは空気を読んでワザと失敗してくれることがあるけど、佐野くんは賞金がかかるとまったく空気を読まずにガチで獲りにくる。そのくせMCでもウケようとして尺(長さ)無視で一方的にスベりギャグを連発するから、今や東京のテレビでは割と〝迷惑系タレント〟(?)の評価」らしい。

このままでは、せっかくデビューしても佐野晶哉の見せ場はなくなる一方ではないか。

まあ『ラヴィット!』で100点を出したんだし、しばらくは自ら〝歌ウマ〟を封印したほうがよさそうかも。

佐野晶哉が残した最も大きな〝爪痕〟

現在は番組レギュラーや『ラヴィット!』ファミリーではないものの、近い将来のレギュラー、準レギュラー入りが期待されている出演者が、佐野晶哉と草間リチャード敬太だ。

「特に佐野くんは突拍子もないリアクションを返してくるので、麒麟・川島明さんのお気に入りです。これまでは主に『カラオケ100点チャレンジ』へのトライでしたが、もう100点を出してしまったので、新しい企画を立ち上げたいところです」(TBSテレビ・制作スタッフ)

草間リチャード敬太は『ザ!鉄腕!DASH!!』の現場で――

『先輩やけど、いつか佐久間くんと宮舘くんのポジションを奪いたい』

――と豪語していたらしい。

本来は数少ない〝椅子〟を奪い合うことこそが〝正常〟な芸能界のはず。誰かの失敗や不祥事で椅子が空くのを待っていても仕方がない。そういった意味でも、唯一無二のキャラクターを持つ佐野晶哉、草間リチャード敬太にはグイグイと前に出てきてもらいたいものだ。Aぇ! groupの優等生ポジションは正門良規に任せておけばいいのだから。

そんな佐野晶哉が『ラヴィット!』(TBS系)出演で最も大きな〝爪痕〟を残したのは、先にお話しした〝カラオケ100点チャレンジ〟に4回目のチャレンジで100点を叩き出したこと……ではなく、昨年(2023年)1月に出演した際——

『ぶっちゃけ、マネージャーさんにはあとで叱られましたし、
しばらくの間、関西では〝イチモツくん〟なんて呼ばれてました(苦笑)』

——と振り返る、「大きなイチモツ」事件だ。

それは番組出演者がオススメの不思議なものを紹介するコーナーでの出来事というか事件で、お笑いコンビ東京ホテイソン・ショーゴが、歌詞を逆に歌い、逆再生するとちゃんと原曲が聞き取れる〝逆さ歌〟を歌う91歳のおばあちゃんYouTuberを紹介したときのエピソードだ。

スタジオではおばあちゃんの歌を聞きながら、原曲を当てるクイズが出題され、その解答者として佐野晶哉が参加していた。

クイズが出題されると佐野晶哉は真っ先に手を挙げ、慎重に音程を確認しながら、どぶろっくの持ちネタ『農夫と神様〜大きなイチモツ〜』のフレーズ「大きなイチモツをください〜!」を繰り返し熱唱。

佐野にとっては単なる〝音楽クイズ〟の解答なので真顔で歌い続けると、そんな佐野を唖然とした表情で見守る麒麟・川島明が——

『なんで(いつまでも)やめへんの? 怖いやん』

——とツッコミ。

さらに出題者のショーゴに『(正解)じゃ、ないですよね!?』と話を振ると、逆にショーゴは〝(何で当たるの?)〟と驚いた様子で『正解です』と答える。スタジオが一瞬にしてどよめきに包まれると佐野も大喜びで、スタジオの出演者からは「音感がスゴい」「本物!」との称賛が集まったが、川島だけは冷静に——

『とても迷惑なことしてます。引っかき回すわ、当てるわ』

――と苦笑いでオチをつけてくれたのだ。

『川島さんのリアクションで最後は笑えましたけど、
マネージャーさんには、
「他に(代替して)歌える歌、なかったですか？
朝から全国ネットでド下ネタを叫ぶなんて」――って怒られましたけど、
〝大きなイチモツ〟を他のどんな歌に変えればエエのか、
逆に答えを教えて欲しい』

明らかに不満顔の佐野晶哉だが、スタジオだけではなくSNSのトレンドでも#イチモツ#ラヴィット#佐野くんなどのタグが次々とトレンド入りするなど、十二分に視聴者をザワつかせ、圧倒的な爪痕を『ラヴィット!』に残したのだった。

『正直にいって、俺は自分の音感で逆再生のクイズに答えただけで、
責任はそんな問題を出題した番組側にあるんちゃうん？
マネージャーさんもひと言ふた言はスタッフさんに嫌味を言ったと思うけど、
あそこは俺を褒めるべきやん。
「よう正解したな」――って。
確かに頭の中では「これ、どぶろっくさんのネタやん」ってわかっとったけど、
ちゃんと真面目に答えて歌い上げるほうがオモロい。
あとで川島さんにも「頑張った」って褒められたし、
1年経ってもアレが正解やったと思ってるよ。
また同じ問題出たら、3割増しのマンキンで歌いたい（笑）』

ちなみに「どぶろっく歌う昌哉くんなんて嫌い！」という意見はまったくといっていいほど目にしていないから、ファンの皆さんも単純に〝笑い飛ばして〟くださったんじゃない？

これに懲りずに、これからもいろいろな番組でどんどん爪痕を残してくださいな。

〝鬼レンチャン〟へのチャレンジ!

「今や〝カラオケ番組〟といえば、『千鳥の鬼レンチャン』になりましたね。そしてその大人気の原動力となったのが、間違いなくカラオケ企画の『サビだけカラオケ』です」(大御所放送作家)

『サビだけカラオケ』とは、カラオケ画面の音程バーを外さずにサビを歌う企画で、難易度によってレベル1~10を連続で歌う達成賞金100万円の〝ノーマルモード〟から、ノーマルモードで鬼レンチャンを達成した者をレジェンド枠と認定し、レベル5からスタートする達成賞金200万円の〝鬼ハードモード〟など、何パターンかある。

これまでノーマルモードで鬼レンチャンを達成したのは17組(人)だが、佐野は初回出場時は9レンチャン、2回目の挑戦で鬼レンチャンを達成。当時、現役アイドル初のノーマルモードでの鬼レンチャン達成者となった。

2023年7月オンエアで初出演した際には、鬼レンチャン目前の10曲目で音程バーを外し、11月オンエアでリベンジ参戦、見事にノーマルモード10レンチャンを達成した。

「佐野くんは初回参戦時に『(自分は) 絶体音感の持ち主だから失敗するはずがない』『鬼レンチャンを達成して年内にはAぇ! groupでデビューしたい!!』『鬼レンチャン達成でこの番組にグループの名前を刻みたい』——と、さんざん"熱語り"を残した末に失敗し、千鳥やかまいたちにツッコミまくられていました(笑)」(同大御所放送作家)

佐野晶哉は2回目のチャレンジで鬼レンチャンを達成するのだが、このとき、SNSには「本当にすごい! おめでとう」「誇らしい」「涙腺崩壊」「佐野くんの熱い思いが伝わってきた」など祝福のコメントや絶賛の声が相次いでいたが、一方では番組内での佐野の発言がプチ炎上する事態にも発展した。

『バラエティ番組やから、多少は大袈裟に思ってもないこと言わなアカン役回りやからね。

それにしても、意図的に切り抜き編集されてたのも事実。

せやから皆さん、本気にしないでくださいね。

俺はお笑いが大好きで、千鳥さん、かまいたちさん、ダイアンさん、
皆さん大尊敬してますから』

——振り返って本音を明かす佐野晶哉。

そんな言い訳しなくても、視聴者は〝ネタ〟だとわかっていると思うよ。

なお今年（2024年）、日向坂46・富田鈴花もノーマルモードで鬼レンチャンを達成。

続いての〝鬼ハードモード〟でも富田より先に鬼レンチャンを達成して、〝現役アイドル初〟の称号を手に入れようではないか。

Aぇ! group〝映画班〟としての魅力

「正門良規くんと末澤誠也くんが〝ドラマ班〟だとしたら、佐野晶哉くんは〝映画班〟ですね。正門くんと末澤くんには申し訳ないのですが、最近の日本映画界も、主演俳優や準主演俳優の身長は180㎝クラスが普通になっている。やはり制作側としては、スクリーンに映える身長が欲しいのです。その意味では今後ますます、Aぇ! groupでは佐野晶哉くん(179㎝)と小島健くん(178㎝)が〝映画班〟で、正門良規くん(170㎝)と末澤誠也くん(163㎝)が〝ドラマ班〟ということになりそうですね」(フジテレビ第1制作ディレクター)

フジテレビのドラマディレクター氏が言う通り、ここ数年、佐野晶哉は映画作品への単独出演が続いている。

2022年1月公開の『真夜中乙女戦争』(KADOKAWA)、2022年5月公開の『20歳のソウル』(日活)、この6月に公開される『明日を綴る写真館』(アスミック・エース)。

まだ単独主演の座は射止めてはいないものの、時間の問題だろうと先のディレクター氏も語る。

「現時点では『明日を綴る写真館』の公開直前で情報解禁はまだ先になるでしょうが、すでに来年公開の主演作の撮影に入っていると聞いています」（同ドラマディレクター）

公開は2年前だが、佐野晶哉が主人公の親友役を演じた『20歳のソウル』は、実話ベースの話題作としてヒットを記録した。

千葉県船橋市立船橋高校で受け継がれている、甲子園（高校野球）や国立競技場（高校サッカー）での応援曲『市船ｓｏｕｌ』を作曲した実在の人物・浅野大義さんの物語で、ガンにより20才でこの世を去った大義さんと市船吹奏楽部の絆が描かれた作品。佐野は中学生時代の吹奏楽部経験を買われたのか、神尾風珠が演じた主人公の親友・佐伯斗真を演じた。

後に〝神尾風珠ヲタ〟の小島健に嫉妬されるほど、神尾との親交を深めている佐野晶哉だが、中学の吹奏楽部時代に担当していたサックスではなく、映画ではピアノとスネア（ドラム）を担当。

『どこで話を聞いたのか、監督は俺がめちゃめちゃピアノを弾けると思ってたみたいで、
俺はピアノ担当になりました（苦笑）。

あとで監督に〝YouTubeで見た〟って言われたんで、

「どっかで何か見られていたならしゃあないな」……と。

ピアノ演奏がサマになるまでめちゃめちゃ練習しましたよ。

風珠くんのトロンボーンよりは上手かったんとちゃいますか（笑）？』〈佐野晶哉〉

実話ベースの物語ゆえ、その結末を知っている分、逆にやりにくかった一面も。

『大義（神尾）と斗真（佐野）が親友として向き合うシーンとか、
「ホンマの親友が亡くなってまうんか」……みたいな感情が溢れたとことかありました。
自然に涙が出るんですけど、
監督から「ここは泣くシーンじゃない！」って怒られて涙が止まったり』

この（2024年）6月に公開される映画『明日を綴る写真館』は、漫画家・あるた梨沙氏による同名マンガが原作だが、その舞台設定が「さびれた写真館を営む無口なカメラマン・鮫島武治と、彼の写真に心を奪われた気鋭のカメラマン・五十嵐太一が自分自身と向き合い、互いに影響し合いながら成長する物語」とのことで、主演を80才にして映画初主演となる平泉成が鮫島武治、佐野が五十嵐太一を演じるのだが、なんと監督は『20歳のソウル』でメガホンを取った秋山純監督で、脚本も『20歳のソウル』の中井由梨子さん。

つまり佐野は、秋山監督と中井さんからの〝ご指名〟なのだ。

『めちゃくちゃ嬉しかったですし、
主演の平泉成さんは『20歳のソウル』では大義のおじいさん役。
そっちで絡みがなかった分、今回はガッツリと絡ませていただきました。
それに吹奏楽部の顧問・高橋先生を演じられた佐藤浩市さん、
あと高橋克典さんとも再演になるなんて、
「ホンマに俺って恵まれてるな〜」って、自分のことながら感心してます』

秋山監督は『20歳のソウル』がクランクアップした直後、佐野晶哉に「また必ず仕事をしよう!」と声をかけていたそうだが、ギョーカイ人のこの手のセリフが実現することはほとんどない。

そして主演の平泉成は佐野晶哉について、『佐野くんはとにかく素直でチャーミング。お芝居にもその性格のよさが表れていて、とてもとてもよかったですね。この物語には人の温もり、人を想う心が根底にあるんですけど、佐野くんは〝太一〟として、観客の皆さんにちゃんとメッセージを贈れていると思います』と高い評価を与えてくれた。

「原作者のあるた梨沙さんも『一度撮影現場にお邪魔したとき、写真を確認するためにモニターを見つめる太一の表情、そこに声をかける鮫島さんの優しい声色、平泉さんと佐野さん、お2人ともイメージ以上にキャラクターを表現してくれていて感動しました』――と、原作者として満足度の高いコメントを出しています。佐野くんがAぇ! groupの映画班を担っているのは身長のみならず、こうした〝芝居勘〟のよさもあるでしょう」（前出ドラマディレクター）

着実に〝映画俳優〟としての実績を積み上げている佐野晶哉。

今後Aぇ! groupの〝映画班〟として、さらに輝きを増していくだろう。

Aぇ! group最年少の〝クソガキキャラ〟

『CDデビューが決まってから、先輩方のYouTubeに呼んでもらえる機会が増えて、
登録者数450万人の〝よにのちゃんねる〟さんなんか、
前編が1週間で200万回再生、中編が3日間で100万回再生をそれぞれ超えたんです。
せやけどそんだけ再生されると逆に怖いというか、
〝Aぇ! group期待してたほど面白くない〟……みたいな反応あったら落ち込むじゃないですか。
特にAぇ! のファンの皆さんはご存じだと思うんですけど、
ここ半年ぐらい、誠也くんとまっさんの関係を〝ぎこちない〟系で通してきて、
それを〝よにの〟さんでも先輩方がイジってこられて、既成事実になってもうてるんですよ。
お笑い芸人のさや香さんとかNON STYLEさんみたいな、
〝ホンマはコンビ仲悪いんちゃうん!?〟的に見られたら、
Aぇ! としても全然得しないじゃないですか!』〈佐野晶哉〉

CDデビュー直前、佐野晶哉はメンバーやスタッフに対し――

『〝誠也くんとまっさんの関係がぎこちなくてヒリついてる〟……みたいなネタ、いい加減もうやめましょう』

――と意見したそうだ。

もちろん、さや香やNON STYLEのように、本当に仲が悪いわけじゃないから。

『これはリーダーのコジケンとも話したし、コジケンも同じ意見やった。〝よにの〟さんでもそうやったけど、誠也くんとまっさんの間柄がぎこちないことを俺らもイジって軽い笑いにして、結局は〝今はそれを乗り越えてみんな仲いいんです〟みたいなまとめにしてたじゃないですか。そんな〝まとめ〟いらんし、そもそも誠也くんとまっさんをネタにする必要もないやんって』

佐野に言わせるとAぇ!groupは、末澤誠也と草間リチャード敬太のペア、正門良規ソロ、小島健と佐野晶哉のペア——本質的にはこの三者に分かれるグループだと明かす。

『いや別に、必ず3つに分かれてツルんでるとかじゃないよ。
単純に〈Jr.〉歴や年の差で、その3つになるだけ。
たとえば俺とかコジケンは、
Aぇ!groupというか誠也くんやリチャくんより、
Lilかんさい、Boys be、AmBitiousのほうがキャリア近いから、
よう一緒におって楽なだけの話』

——そう明かす佐野晶哉。

『俺は中学の頃、吹奏楽部でまわりの9割が女子でも全然モテなかったし、
高校なんか音楽科で3年間女子のほうが男子の6倍ぐらいおったのに、
そっちでも全然モテへんかった。
当時、もちろん（旧）関西ジャニーズJr.なのはまわりも知ってたけど、
誰にも興味持たれへんかってん。
せやからAぇ! groupが結成される前も後も、
事務所の同期とか同世代、後輩の仲間と一緒におることしか楽しくなかった。
そんな環境も年上の誠也くんやリチャくんに対して壁を積み上げる原因やったと思う。
今はその壁、全部崩れたけど（笑）』

――そう言って振り返る。

たとえばAぇ! group結成前から仲が良かった小島健との間にも、グループ結成当初、「役割が被ってしまう難しさをお互いに感じてやりにくい時期があった」と明かし、それは誰に対しても感じたことがあったそうだ。

『まっさんとかでも、ライブのMCで被って前に出てしまったり。
それはもう、手探りに手探りを重ね、何度も失敗して呼吸やタイミングを掴んだ』

今はある程度のキャリアを重ねたからこそ――

『Aぇ!groupには最年少のクソガキキャラが必要』

――と考え、

『22才で〝クソガキ〟ってのも恥ずかしいけど、
関西から若い後輩が出てくるまでこれでいくつもり』

――と笑う佐野晶哉。

念願のデビューを果たした今、Aぇ!group最年少の〝クソガキキャラ〟として、ますます
Aぇ!を盛り上げていってくれることだろう――。

佐野晶哉フレーズ

『これはあくまでも個人的な経験から言えることだけど、努力って〝天井〟がないからこそ続けられるんだよね。それでその天井を〝限界〟と呼ぶ。すぐ諦めちゃう人って、限界を自分で呼び込んでるだけの人』

佐野晶哉には限界がない。いや、自分で限界を作らないからこそ、いつまでも成長し続けられるのだ。この姿勢は後輩たちに限らず、素直に学びたいものだ。

『俺は歌には確かに自信もあるし、
『鬼レンチャン』でも証明できたけど、
ホンマは〝できないことだらけ〟の人間なんです。
それを自覚してるから〝イージー〟に生きられる』

自分の情けなさ、ダサさを認め、イージー（ｅａｓｙ）モードで気楽に生きていきたい。佐野晶哉の場合は〝歌〟で結果を出せるからこそ、自分の情けない一面も受け入れることができるのだ。

『仕事やプライベートで〝嫌なこと〟があったら、デスノートやないけど、紙に書き出してみると、「具体的にどう対処すればいいか？」のアイデアが浮かんできますね』

具体的に紙に書き出すことで、新しいアイデア、発想（対処法）が生まれる。佐野晶哉の〝デスノート作戦〟は「ポジティブな自分になれる」秘訣でもある。

『俺ら5人がグループで成功して幸せになる姿をアンチに見せつけたい!
俺って性格悪い(笑)?』

このところ旧関西ジャニーズJr.にスポットが当たりまくっている分、HiHi Jetsや美 少年、7MEN侍、少年忍者ら旧東京Jr.ファンからのアンチターゲットになっているAぇ! group。しかしそんなことは気にしていられない。自分たちは自分たちの道を進んで成功するのみなのだ。

おわりに

STARTO ENTERTAINMENT所属アーティストによるライブイベント『WE ARE! Let's get the party STARTO!!』が、4月10日に東京ドーム、5月29・30日に京セラドーム大阪で開催された。

出演はNEWS以下、SUPER EIGHT、KAT-TUN、Hey! Say! JUMP、Kis-My-Ft2、timelesz、A.B.C-Z、WEST.、King & Prince、SixTONES、Snow Man、なにわ男子、Travis Japan、Aぇ! group、STARTO ENTERTAINMENTに所属する（KinKi Kidsと20th Centuryを除いた）14組。

Aぇ! groupは4月10日公演セットリスト中盤のトップバッターとして『《A》BEGINNING』を初披露。さらに続けて旧関西ジャニーズの先輩、WEST.、なにわ男子と『バンバンッ!』を披露。

そしてエンディングでは、デビュー発表とともに、参加しているスペシャルユニット〝STARTO for you〟の一員として、チャリティソング『WE ARE』も披露した。

「『WE ARE』はコンサート当日の4月10日21：00から配信がスタートし、6月12日にCDがリリースされることになっています。2024年1月1日に発生した能登半島地震の被災者へ向けた全額寄付のチャリティソングで、NEWS、SUPER EIGHT、KAT-TUN、Hey! Say! JUMP、Kis-My-Ft2、timelesz、A.B.C-Z、WEST.、King & Prince、SixTONES、Snow Man、なにわ男子、Travis Japan、Aぇ! groupが、かつてのJ-FRIENDSのようなユニットを結成。またこの4月10日には活動休止中の嵐がグループとしての新会社を立ち上げたことが発表され、東京ドームはちょっとした騒ぎになっていましたね」（関西系人気放送作家）

嵐は相葉雅紀、松本潤、二宮和也、大野智、櫻井翔の連名で――

『このたび、我々嵐は5人で会社の設立を致しましたこと、ご報告申し上げます』

――と発表。

「このニュースが飛び込んできたのが東京ドームの開場直前だったので、現場のギョーカイ人たちは右往左往していました」（同関西系人気放送作家）

さて4月8日に公式SNSでファンクラブの発足と入会受付の開始を告知したAぇ！group だったが、プロローグでも触れているように4月9日をもってジュニアのYouTube公式チャンネルを卒業。同日にAぇ！group単独チャンネル『Aぇ！group』を開設している。

これはファンも期待した通り『WE ARE！ Let's get the party STARTO!!』に緊急出演する準備だったようで、もちろん5月29日・30日の京セラドーム大阪にも出演。特に5月30日の公演は生配信されることも発表されたので、デビュー曲『《A》BEGINNING』のパフォーマンスを広く感じてもらえるチャンスにもなった。

「京セラドーム大阪といえば、2024年3月16日・17日の『Aぇ！ group Aッ倒的ファン大感謝祭 in 京セラドーム大阪 ～みんなホンマにありがとう～』を開催し、CDデビューを発表した〝聖地〟でもあるので、特にジュニア時代からAぇ！groupを支えてきた関西ファンは京セラドーム大阪への出演を渇望していました」（同前）

2024年4月から正式に業務を開始したSTARTO ENTERTAINMENT社にとっては、この『WE ARE！ Let's get the party STARTO!!』は、どうしても〝外せない〟1発目のイベントだ。

「昨年より新会社設立にあたりファンの皆様や関係者の方々にご心配をおかけしましたが、一つ一つのお仕事を誠実に、そして多くのファンの皆様に喜んでいただけるエンターテイメントをお届けできるよう、アーティストと従業員一同で気持ちを新たに全身全霊かけて取り組む所存です」

――とのコメントを発表したSTARTO ENTERTAINMENT。

さらに『WE ARE! Let's get the party STARTO!!』についても、

「新会社のスタートに際して、これまで変わらずに応援を続けてくださったファンの皆様、関係者の方々に私達は何をお届けできるのか。

そして年初に発生した能登半島地震で被災された方々に対して、お役に立てることは何なのか、今日まで真剣に考えてまいりました。

新しい時代を迎えて変わっていかなければならないもの。

そして、変わらずに守るべき大切なこと。

今、私たちができることを全力でやろうという想いがこのイベント開催に至りました」

――と実施に至るまでの思いを明かし、総合演出は松本潤と大倉忠義が担当。

今後、STARTO ENTERTAINMENTの体制下では、松本潤と大倉忠義が裏方としても力を発揮してくれることだろう。

「STARTO社にとって文字通りスタートから正念場なのは、Aぇ! groupの『Aぇ! group Aッ倒的ファン大感謝祭 in 京セラドーム大阪 〜みんなホンマにありがとう〜』と一部の日程が被っていたTOBE社の東京ドーム『toHEROes』の評判がギョーカイ内でめちゃめちゃ高いことが挙げられます。4日間のライブが終わったあと、ギョーカイのあちこちから〝さすがタッキー〟〝さすがNumber_i〟の声が上がりまくったので、演出の松本潤くんと大倉忠義くん、そしてNumber_iの3人が所属していたKing & Princeにとっては、プレッシャー以外の何ものでもありません。事務所としてのその起爆剤となり得るのが、Aぇ! groupの存在でもあるのです」(同前)

Aぇ! groupのファンクラブは開設(申込み)初日から回線がパンクし、初日の会員番号は10万番台に到達。これは初日としては、過去最多の入会人数になった。

またYouTube公式チャンネルも、開設と同時に同じく10万人を超える登録者を獲得。YouTubeに関しては公に宣伝したわけでもなく、これから露出が増える前段階での開設なので、瞬時に10万人の登録者を獲得したのは上々のスタートといえるだろう。

「関西のマスコミにも〝STARTO社は本気でAぇ! groupを売り出すつもり。昨年からダンス&ボーカルグループが乱立している中で、Aぇ! groupはダンス&ボーカル&バンドと、三本の矢のセールスポイントを持っている〟などと聞こえてきています」(同前)

まさにAぇ! groupの将来にSTARTO ENTERTAINMENT社の浮沈がかかっているといっても過言ではない。

そんなAぇ! groupを、私たちもこれまで以上に支え、バックアップしていこうではないか。

そしてAぇ! groupのCDデビューに合わせるかのように、関西発グループによる新プロジェクト『KAMIGATA BOYZ』の始動が、GW中の4月29日にサプライズ発表された。

「今から4年前の2020年、大阪・日本万国博覧会記念公園〝太陽の広場〟で開催された『DREAM IsLAND 2020→2025 ～大好きなこの街から～』から続く関西発信のファミリープロジェクトとして『KAMIGATA BOYZ』が結成されました。さすがにCDデビューしたばかりのAぇ! groupにはプロモーションやアリーナツアーが控えているので、今回はSUPER EIGHT・WEST.・なにわ男子の3組が集結する形になりました。しかし万博本番は2025年ですから、Aぇ! groupも2025年からはメンバーに加わる予定と聞いています」（関西テレビ・プロデューサー）

関西から発信する〝最強無敵のエンターテインメント〟には、否が応でも注目が集まる。

無限大の可能性を秘めたKAMIGATA BOYZ、そしてAぇ! groupの今後の活躍が楽しみでならない――。

〔著者プロフィール〕
西野創一朗（にしの・そういちろう）

関西圏のマスコミで演出家、ライターとして活動中。旧関西ジャニーズJr.から地下アイドル、SSW、芸人まで幅広い知識＆交流を持ち、関西エンタメ界に精通する。演者からの信頼も絶大。芸能界、音楽業界、テレビ業界とも太いパイプを構築している。本書では彼の持つ豊富なネットワークを通して、Aぇ! groupと親交のある現場スタッフなどを中心に情報収集。メンバーが語った言葉と、側近スタッフが明かすエピードから、彼らの"素顔"を紹介している。

めっちゃ★Aぇ! group

2024年5月15日　第1刷発行

著　者……………西野創一朗
発行者……………籠宮啓輔
発行所……………太陽出版
〒113-0033　東京都文京区本郷3-43-8-101
電話03-3814-0471/FAX03-3814-2366
http://www.taiyoshuppan.net/

デザイン・装丁…宮島和幸（KM-Factory）
印刷・製本………株式会社シナノパブリッシングプレス

ISBN978-4-86723-167-8

◆ 既刊紹介 ◆

Number_i
―等身大の3人―

石井優樹［著］ 1,500円+税

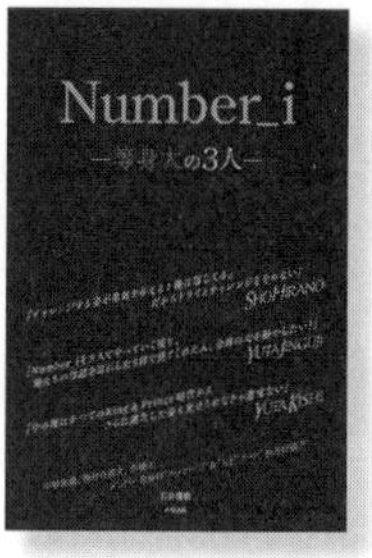

**『チャレンジする姿が勇気を与えると俺は信じてる。
だからトライとチャレンジをやめない』**〈平野紫耀〉

**『Number_i を３人でやっていく限り、
俺たちの作品を耳にしたり目で見てくれた人、
全員の心を動かしたい！』**〈神宮寺勇太〉

**『今の俺はかつての King & Prince 時代から
さらに進化した姿を見せられなきゃ意味ない』**〈岸優太〉

**平野紫耀、神宮寺勇太、岸優太 ―― 等身大の３人
メンバー自身のメッセージ＆エピソード独占収録 !!**

【主な収録エピソード】

・平野紫耀、日本を代表する“ファッション・アイコン”として世界デビュー！
・平野紫耀が語る“Number_i の原動力”
・平野紫耀と Number_i が見据える目線の先
・神宮寺勇太が教えてくれた平野紫耀と行った“聖地”
・“最後の『Mステ』出演”時に語っていた神宮寺勇太の決意
・インスタライブで見せた３人の“Number_i での立ち位置”
・Number_i と King & Prince を結ぶ“キーマン岸優太”
・岸優太と神宮寺勇太の“０８４”騒動
・岸優太、そして Number_i が“何よりも大切にしたいもの”